Insubsistencia de la Acción Penal

Plazo razonable – Dilaciones indebidas.

Insubsistencia de la Acción Penal

Plazo razonable – Dilaciones indebidas.

Enrique Stel

Lilium
Ediciones

Stel, Enrique

Insubsistencia de la Acción Penal : Plazo razonable. Dilaciones indebidas / Enrique Stel. - 1a ed. - Olivos : Lilium, 2021.

132 p. ; 23 x 15 cm.

ISBN 978-987-8344-60-7

1. Derecho Penal. 2. Delitos de Lesa Humanidad. 3. Prescripción del Delito. I. Título.

CDD 345.05

Insubsistencia de la Acción Penal: Plazo Razonable – Dilaciones Indebidas

Diseño y Maquetación
Martín Cairns

Ediciones Lilium
Buenos Aires, Argentina

www.edicioneslilium.com.ar

edicioneslilium@gmail.com

Nº ISBN: 978-987-8344-60-7

LIBRO DE EDICIÓN ARGENTINA

Queda hecho el depósito que marca la ley 11.723

ÍNDICE

Insubsistencia de la Acción Penal

Plazo razonable - Dilaciones indebidas. [1]

Enrique Stel [2]

En modo alguno resultaría justificado pretender corregir una aberración de hecho (la de los delitos imputados) mediante una aberración jurídica (la aplicación retroactiva de la ley penal o la restauración de una acción penal extinguida).

Doctor Augusto Cesar Belluscio [3]

---

1 El presente trabajo fue presentado y aprobado por la Universidad del Salvador, como Trabajo Final Integrador en la Especialización en Derecho Penal que dicta esa prestigiosa casa de estudios.

2 Abogado. Escribano. Especialista en Derecho Penal. Master en Derecho Penal. Diplomado en Derecho de Ejecución Penal. Licenciado en Estrategia y Organización. Master en Fenomenología Terrorista. Especializado en Derecho Internacional Humanitario. Legal Adviser Acting - HQ ONU, Zagreb, ex Yugoslavia 1995.

3 Augusto César Belluscio es un jurista especialista en derecho de familia que fue Ministro de la Corte Suprema de Justicia de la Nación Argentina. Doctor en Derecho y Ciencias Sociales, formó parte del Poder Judicial desde 1957 hasta el año 2005 en que renunció a la corte por razones éticas.

1. SUMARIO

El presente trabajo pretende exponer y reflexionar sobre una situación crítica, que se pone de manifiesto en el desarrollo de algunos procesos penales, en los que el lapso de tiempo existente entre la comisión de los hechos y la sentencia firme, es extremadamente extenso.

Dentro de contexto señalado precedentemente, abordaremos el tema de las víctimas, los imputados, la sociedad, la posición actual de la Corte Suprema de Justicia de la Nación Argentina, algunas ideas de soluciones posibles, la extinción de la acción penal, la reparación integral, el instituto de la prescripción, el sobreseimiento y la necesidad de asumir responsabilidades públicas y privadas, a través de un acuerdo entre las partes, que mire hacia el futuro, otorgue satisfacción a los actores y acreciente la credibilidad en la Justicia en Argentina.

La idea de solución encuentra su fundamento en el errático comportamiento del Estado Argentino, entre el conocimiento estatal del hecho que da o debió dar origen a la iniciación del proceso penal y la finalización o subsistencia del mismo. En tal sentido, se analiza la reparación a los derechohabientes de las víctimas o a ellas mismas si aún continúan con vida, la prescripción de la acción penal, el sobreseimiento, la extinción de la acción penal por insubsistencia de la acción, dentro de un contexto de plazo irrazonable y las dilaciones indebidas por las partes, en particular del Estado Nacional.

Este ensayo se focaliza en el problema de los procesos penales excesivamente extensos. Tiene en cuenta el caso de la venta de 6.500 toneladas de armas argentinas a Ecuador y Croacia, la venta a precio vil del predio de la Sociedad Rural, el caso del contrato entre la Dirección General Impositiva (DGI) y la empresa International

Business Machines (IBM), la causa por corrupción en la construcción de la represa Yacyretá – Apipé y otras a nivel nacional y extranjero, los que como jurisprudencia son orientadores de cómo poner fin a este tipo de procesos penales y nos ayudan a reflexionar sobre los proceso largamente extendidos en el tiempo.

Incluyo y focalizo el análisis del tema, en los procesos penales relacionados con los hechos ocurridos en Argentina en la década del 70 porque en ellos se observa, como en determinados momentos, el Estado Nacional, en uso de sus facultades punitivas, decidió ejercer la persecución penal para luego interrumpirlas o suspenderlas, por medio de leyes e indultos, y transcurridos 30 años, decidió retomar el cumplimiento de sus obligaciones y aplicar nuevamente el poder punitivo, haciendo uso de su excluyente obligación de persecución penal, después de transcurridos hasta 48[4] años al año 2021. Es el Estado el único que tiene el poder y el deber de prevenir, investigar y sancionar toda violación a la ley y no las víctimas ni los imputados.

Durante el lapso donde no se ejerció la persecución penal, las víctimas y los imputados, nunca se escondieron, no cambiaron sus identidades, mantuvieron sus domicilios, continuaron desarrollando sus vidas ajustados a derecho y a disposición de los órganos del Estado, siendo este último quien reconoció tácita y expresamente, la legalidad de la continuidad de la vida de las víctimas y los imputados en sociedad, sin acceso a la justicia, sin tutela legal efectiva, sin debido proceso ni reproche alguno hacia los imputados ni impulsando la acción penal en favor de las víctimas, las que nunca dejaron de peticionar ante las autoridades.

Esta situación marca una notable diferencia con las víctimas del plan de exterminio nazi, las de la crisis humanitaria yugoslava entre serbios y croatas, las ruandesas, las que muchas fueron expulsadas de su propio territorio y también respecto de los imputados argentinos, a quienes se los pretendió comparar con los criminales nazis, serbios o ruandeses.

---

4 Se toma como referencia a la organización Triple A cuyo accionar comenzó en 1973, con integrantes que al año 2021 están siendo juzgados en el TOF de Bahía Blanca y en el de La Plata, Provincia de Buenos Aires, República Argentina.

Cabe destacar que, durante el período de tiempo señalado, lo que si cambió en Argentina, fue el personal integrante del Estado en sus tres órganos de poder y con ellos, sus intereses, ideología, pertenencia a una corriente de pensamiento penal o política determinada, ajustando sus resoluciones jurídicas conforme a las conveniencias políticas o personales del momento.

El otro aspecto distintivo que caracteriza esta situación, es que, si el Estado hubiese cumplido en tiempo y forma con su deber de persecución penal, nacional e internacional, aun habiendo condenado a los imputados a las penas más gravosas, hoy en día, éstas estarían todas cumplidas y en algunos casos hasta dos veces, situación que pone en crisis la institución de la prescripción, consagrado en el artículo 62 del Código Penal argentino, al regular la extinción de acciones y penas, planteo este, en un todo de acuerdo con el artículo 75, inciso 22 de la Constitución Nacional (CN) que otorga a los tratados internacionales la calidad de complementarios del ordenamiento legal interno e impidiendo modificar los derechos y garantías constitucionales de la Primera Parte de la CN.

Bastante peor resulta considerar la situación de las víctimas, las cuales en su gran mayoría murieron sin tener acceso a la justicia y solo fueron resarcidos económicamente sus derechohabientes o en algunos casos a ellos mismos, a través de las numerosas leyes de reparación[5], pero reconozcamos que recibir dinero, no es tener acceso a la justicia, ni tutela legal efectiva y la debida satisfacción moral que hace a la dignidad de la persona.

Por lo expuesto en el presente trabajo se desarrolla la oportunidad en que ocurrieron los hechos, la insubsistencia de la acción penal a la luz de las dilaciones indebidas, la falta de acceso a la justicia, la ausencia de tutela legal efectiva por parte del Estado y la inexistencia de plazo razonable, todas estas, garantías constitucionales de los habitantes de Argentina.

Subsidiariamente se pretende analizar, la participación y responsabilidad de los 3 poderes del Estado, poniendo énfasis en

---

5 Ley 24.043 sobre Indemnizaciones, Ley 24.411 Desaparición Forzada de Personas y Ley 26.564 sobre Ampliación de los beneficios de las Leyes Nº 24.043 y Nº 24.411. República Argentina

la actitud de los magistrados federales. Ensayar algunas ideas de solución como ser la reparación integral de los derechohabientes de las víctimas que aún no han sido resarcidos, la prescripción de la acción penal, el sobreseimiento o extinción de la acción. Establecer la diferencia entre los hechos ocurridos en la Alemania Nazi, Serbia o Ruanda y Argentina. Reflexionar sobre la relación del tiempo transcurrido entre el momento en que se conocen los hechos y la sentencia condenatoria queda firme, para finalizar con algunas conclusiones personales.

2. ACLARACIONES PRELIMINARES

a. Se parte del concepto de proceso penal que considera el conjunto de actos jurídicos que desarrolla el Estado Nacional o Provincial, desde que se conoce que se ha cometido un hecho delictivo, hasta el momento en que se agota el cumplimiento de la condena. Siguiendo el esquema de Binder[6], sus 5 partes son, la pre-instrucción, la instrucción o instrucción penal preparatoria, el control de la instrucción, el debate oral y la ejecución de la pena.

b. Hago referencia a causas penales nacionales y extranjeras, que ponen de manifiesto, la importancia que le otorgan al plazo razonable y las dilaciones indebidas, el Tribunal Europeo de Derechos Humanos, la Corte Interamericana de Derechos Humanos, la Corte Suprema de Justicia de la Nación Argentina, los Tratados Internacionales de Derechos Humanos, otros Tribunales Nacionales e Internacionales y los juzgadores en general.

c. Al hacer referencia a la posición actual de la Corte Suprema de Justicia de la Nación, diferente de la posición de la Corte anterior, se han teniendo en cuenta sus propios fallos y lo que en su momento dijeron los Ministros que ocasionalmente la conformaron o conforman. Esta situación, nos obliga a hacer algunas consideraciones respecto de lo que dicen sus fallos en relación con los tratados y convenciones con jerarquía constitucional y la Constitución de la Nacional Argentina, respecto de la aplicación retroactiva de la ley penal y la restauración de la acción penal extinguida cuando la acción, ya hubiese estado prescripta o no.

---

6 Binder, Alberto. Jurista argentino, Abogado, Doctor en Derecho. Fundador Vicepresidente del Instituto de Estudios Comparados de Ciencias Penales y Sociales. República Argentina.

3. DESARROLLO

Los Hechos

Los delitos que se juzgan o juzgaron en los juicios genéricamente llamados de Lesa Humanidad, corresponden a hechos ocurridos en la década del 70, hace 48 años o más, en el pasado siglo XX, durante los gobiernos democráticos de Héctor José Cámpora, Raúl Alberto Lastiri, Teniente General Juan Domingo Perón, María Estela Martínez Cartas de Perón y los gobiernos de facto presididos por los Generales Jorge Rafael Videla, Roberto Eduardo Viola y Reinaldo Benito Antonio Bignone.

La mayoría de los hechos son delitos comunes (violación de domicilio, detención ilegal de personas, secuestro, tormentos, torturas y homicidios) transformados en crímenes de lesa humanidad e imprescriptibles, por considerarse, que los mismos fueron ejecutados como *"parte de un ataque sistemático y generalizado dirigido contra la población civil y con conocimiento de dicho ataque"*. [7]

De este modo, a 48 años de distancia y automáticamente, muchos hechos punibles que ocurrieron en la década del 70 hasta 1983, sean del tipo que sean, fueron transformados en crímenes de lesa humanidad y organizaciones como las Triple A y dependencias del Ejército, Marina y Aeronáutica, de las policías provinciales y federales, o de Fuerzas de Seguridad como Gendarmería y Prefectura, del Servicio Penitenciario Federal y Servicios Penitenciarios Provinciales, empresarios, funcionarios y magistrados de la

7 Lozada, Martín. Crímenes de Lesa Humanidad y Genocidio. Capítulo 2. Crímenes de Lesa Humanidad. Editorial UNR de la Universidad Nacional de Rio Negro. República Argentina. Año 2019.

Justicia Federal de esa época, fueron o serán, en su gran mayoría, imputados, juzgados y condenados o no, por participar en lo que se dio en llamar "Plan Criminal de Exterminio".[8]

La mayoría de los tribunales piensan y resuelven según lo señalado anteriormente, pero no todos. Tenemos el caso conocido como la Veloz del Norte, en el que se juzga al empresario Marcos Jacobo Levín y varios ex policías. En esta causa, la Sala III de la Cámara Federal de Casación Penal, integrada por *"los magistrados Juan Carlos Gemignani, Eduardo Rafael Riggi y Carlos Mahiques, determinó que los hechos por los cuales se había condenado a Levín y a los ex policías Enrique Cardozo, Víctor Bocos y Víctor Almirón, no eran delitos de lesa humanidad y habían prescripto."*[9] [10]

En igual sentido, a 48 años y automáticamente, todos los derechohabientes de las víctimas o aquellas que aún están con vida, de la década del 70, nacionales o extranjeros, accedieron o accederán a un juicio muy tardío y recibirán por parte del Estado Nacional un indemnización y compensación por los daños de los que han sido objeto.

Resulta pertinente señalar, en primer lugar, que no está en discusión la ocurrencia de los hechos penalmente imputables. Muchos de ellos han sido probados y constan en los expedientes. Los que se discute es la insubsistencia de la acción penal luego de haber transcurrido 48 años a 2021, lo que posibilita el accionar de magistrados cooptados por la corriente de pensamiento penal punitivista, que solo pretender castigar y castigar, incluso varias veces al mismo imputado, violando las leyes y tratados internacionales existentes y haciendo caso omiso de los principios más elementales del derecho, como resulta ser entre otros, el de la prohibición de aplicación retroactiva de la ley penal, en franca

---

8 Fallo "Área Paraná 1". Expte.FPA N° 13007824/2003/CA31. Página 14. Cámara Federal de Apelaciones de Paraná.

9 Pàgina 12. Lesa Humanidad. El ex dueño de la Veloz del Norte se negó a declarar. República Argentina. 25 de junio de 2020. https://www.pagina12.com.ar/274308-lesa-humanidad-el-ex-dueno-de-la-veloz-del-norte-se-nego-a-d

10 Cámara Federal de Casación Penal. Sala III. Causa N° FSA 14000695/2011/TO1/CFC. República Argentina. 2017.

violación del principio que reza que *"no hay delito sin ley previa"* consagrado en el artículo 18 de nuestra Constitución Nacional o restaurando una acción penal extinguida.

Así las cosas, se aplica el criterio nazi, conocido como el estado de derecho de Adolf Hitler, que dice *"no hay delito sin castigo"*[11] entendiendo al delito como una concepción de criterio social, interpretada por el juzgador del momento y al castigo como una obligación inexcusable, independientemente de la existencia de leyes previas que tipifiquen el hecho como delito.

Subsidiariamente, aplicando el derecho penal de pertenencia del autor por similitud al conocido Sippenhaft,[12] concepto jurídico establecido en el Tercer Reich, según el cual el acusado de un crimen, extendía su responsabilidad penal hacia sus familiares o iguales de profesión, en forma ascendente, lateral o descendente, de modo que parientes o compañeros de trabajo del acusado, sean civiles o militares, hermanos, padres o hijos, superiores o subalternos, eran considerados igualmente culpables por pertenecer a un clan, arrestados y condenados por el delito que cometió el uniformado o civil acusado, y condenado aunque sea con una pena menor.

Según el Doctor, Abogado, Gerardo Ibañez, tal como lo expresó en el Instituto Interamericano para la Democracia del Museo Americano de la Diáspora Cubana, *"el Doctor Néstor*

---

11 El jurista alemán Carl Schmitt, expresaba que era suficiente causa que la conducta se oponga al "sano sentimiento del pueblo" como para juzgar y condenar a una persona, haciendo caso omiso a toda garantía que proteja a dicha persona del poder punitivo del Estado, en franca oposición al principio que establece que no hay condena sin ley previa al hecho que se juzga.

12 Esta norma legal fue instaurada después del atentado del 20 de julio contra Hitler, por inventiva de Heinrich Himmler, jefe máximo de las SS, quien en una reunión de jefes nazis de distrito (*Gauleiter*) en Poznan pidió la aplicación de este criterio invocando como antecedente una presunta costumbre de las tribus de los teutones; Himmler sostuvo que en caso de descubrirse un grave crimen el Tercer Reich debería "*seguir el ejemplo de sus ancestros teutones donde todo el* clan *del acusado era condenado a muerte*" alegando como justificación la "*corrupción de la sangre*", por lo cual era preciso no sólo el castigo del culpable sino también el exterminio de todos los integrantes de su familia y allegados.

Kirchner se fijó un objetivo fundamental, hacer los juicios al personal de las fuerzas armadas o civiles que pudieran estar involucrados en aquellos hechos ocurridos en la década del 70, hacer los juicios, a como dé lugar, sin importar cuanta ley se violara para poder realizarlos".[13]

Los derechohabientes no son las víctimas y por lo tanto carecen de las mismas motivaciones que estas tenían, desconocen la ocurrencia de los hechos y solo testifican por comentarios, sus declaraciones son "de oídas" restándoles valor probatorio a lo que expresan en juicio. Al fin de cuentas, todas terminan solicitando una compensación económica al Estado que pagamos todos los argentinos a través de nuestros impuestos.

---

13 Video de la conferencia dictada por el Doctor Gerardo Ibáñez en el Interamerican Institute For Democracy American Museum Of The Cuban Diaspora Feria Del Libro De Miami.. Miami. EEUU. 05 de septiembre de 2019 https://www.youtube.com/watch?v=phwfYdgPlxA

Insubsistencia de la acción penal. Omisión del plazo razonable

Expresa la Real Academia Española que subsistencia es la "acción de vivir o seguir viviendo" y otorga "permanencia, estabilidad y conservación de las cosas".

Por el contrario, la insubsistencia nos remite a la ausencia de razón y fundamento para subsistir, para seguir viviendo, lo cual en el derecho penal significa que no están dadas las condiciones legales para continuar con la acción penal, porque hay una razón legal que lo impide.

"El término "insubsistencia" no significa un sinónimo u otra forma de expresar la "extinción" de la acción penal por prescripción ya que ambos conceptos -coincidentes en su resultado- fueron vocablos utilizados y valorados en forma diferenciada por la jurisprudencia y doctrina".

"Es así que se puede ir trazando una incipiente y, al menos, provisoria diferenciación teórica entre la positivizada prescripción y la pretoriana no-subsistencia de la acción: "La insubsistencia de la acción penal, de creación jurisprudencial, tiene como fin principal brindar racionalidad a los tiempos de duración de un proceso penal en desarrollo, en aquellos supuestos en los que el plazo que ha insumido el mismo, por excesivo, afecta nítidamente los principios más fundamentales del derecho de defensa y el debido proceso. Aun cuando la aplicación de este instituto también tiene como consecuencia principal la culminación del proceso penal, lo cierto es que la violación a la garantía de duración razonable del proceso y, en su caso, la insubsistencia de la acción penal tiene claras diferencias, tanto en sus fundamentos como en sus fines, con la prescripción de la acción penal. Y es justamente en aquellos casos en los que aún no ha transcurrido el plazo de prescripción de la acción penal en los que puede analizarse la declaración de insubsistencia de la misma, pues de lo contrario, si ésta ya se ha extinguido por el transcurso del tiempo, debiera aplicarse aquel instituto y no este último…".[14]

---

14 Gouvert, Juan Fernando. La insubsistencia de la acción ante la irrazonable duración del proceso penal. Revista de Pensamiento Penal. República Argentina. 2017. http://www.pensamientopenal.com.ar/doctrina/44782-

Si los hechos ocurrieron en la década del 70 y los magistrados, desde 1983 a la fecha, se apartaron infundadamente o no de la doctrina de la Corte Suprema de la Nación, fijada en el caso "Alvarado" (Fallos 321:1173)[15] en el cual los jueces Petracchi y Bossert entendieron que no es admisible que a instancias del acusador público se revoque una sentencia y se someta al imputado a un nuevo juicio, cuando ya soportó uno válidamente cumplido, en idéntico sentido se entiende de manera genérica que más adelante se detallará, que los juicios por Lesa Humanidad tuvieron lugar en las décadas pasadas y fue la sociedad toda la que juzgó, a través de sus poderes estatales administrativo, legislativo y judicial, razón por la cual, los juicios realizados o por iniciarse, significan someter al imputado a un nuevo juicio, conculcando el principio de no ser juzgado dos veces por el mismo hecho (non bis in ídem) y de irretroactividad de la ley penal.

El proceso penal que tuvo lugar, si bien en algunos casos reunió y en otros no, las formalidades de rito de un debate oral, los que no reunieron esas formalidades, pueden considerarse de mayor importancia, por cuanto el Poder Legislativo dictó las leyes de Obediencia Debida (OD) y Punto Final (PF), el Poder Ejecutivo las promulgó, se publicaron en el Boletín Oficial[16] y el Poder Judicial aplicó las mismas con jurisdicción de la Justicia Federal con control de constitucionalidad y convencionalidad incluidos. La Suprema Corte de Justicia de la Nación decretó que las leyes de OD y PF eran constitucionales. Quedó claro entonces que el interés social para poner fin a esos delitos, fue superior que la persecución penal de los mismos.

Desde los órganos de gobierno del Estado Argentino, se modificó primero y suprimió después el fuero militar, se modificó el

---

insubsistencia-accion-ante-irrazonable-duracion-del-proceso-penal

15 Corte Suprema de Justicia de la Nación, en autos "Alvarado, Julio s/ averiguación infracción art.3 ley 23.771 (ANSES)". Fallos 321:1173. República Argentina. 1998,

16 *La Ley de Punto Final, fue sancionada el 23 de diciembre de 1986, promulgada el 24 de diciembre de 1986 y publicada en el* Boletín Oficial, el 29 de diciembre de 1986. Ley de Obediencia Debida fue sancionada el 04 de junio de 1987; promulgada el 08 de junio de 1987 y publicada en el *Boletín Oficial el 09 de junio de 1987.* República Argentina.

Código Penal, se impulsaron y ejecutaron juicios orales y públicos (1985)[17], se condenó a los imputados, estos fueron encarcelados y luego se los indultó (1989 y 1990)[18]. El Congreso de la Nación Argentina, derogó[19] las leyes de OD y PF (1998), luego las anuló como así también los indultos a los militares (2003)[20], se depositó el instrumento de ratificación de la Convención sobre Imprescriptibilidad de Crímenes de Guerra y de Lesa Humanidad (CICGLH) (2003), se volvió a juzgar a los uniformados indultados pero no a los Terroristas Subversivos y también a otros sospechados (2006), se derogó el Código de Justicia Militar (2008), se reabrieron innumerables juicios, llegando así a nuestros días en 2021, con la mayoría de la víctimas e imputados muertos y miles de gerontes encarcelados que en los años 70 tenían entre 20 y 30 años de edad

---

17 Se conoce como "Juicio a las Juntas" al proceso judicial realizado por la justicia civil Argentina que culminó en 1985, por orden del presidente Raúl Ricardo Alfonsín, mediante el Decreto N.º 158/83, arrogándose facultades que no le corresponden al titular del Poder Ejecutivo, disponiendo el enjuiciamiento de los integrantes de las tres primeras Juntas Militares del Proceso de Reorganización Nacional, por hechos relacionados con violaciones a los derechos humanos, en franca violación al artículo 109 de la CN que expresa que "en ningún caso el presidente de la Nación puede ejercer funciones judiciales, arrogarse el conocimiento de causas pendientes o restablecer las fenecidas".

18 Se conoce como los indultos de Menem a diez decretos sancionados, cuatro el 7 de octubre de 1989 y seis el 30 de diciembre de 1990, que llevan la firma del ex presidente de la Argentina, Doctor Carlos Saúl Menem, indultando civiles y militares que cometieron crímenes durante el Proceso de Reorganización Nacional incluyendo a los miembros de las juntas militares, condenados en 1985. También indultó al procesado ex ministro de Economía José Alfredo Martínez de Hoz y a los líderes de las organizaciones terroristas, subversivas y guerrilleras. Mediante estos decretos fueron indultadas, más de 1.200 (mil doscientas) personas. República Argentina.

19 La derogación de una ley, no tiene efectos retroactivos, razón por la cual no se volvió a juzgar a los uniformados ni civiles, que resultaron beneficiados por la aplicación de las leyes de OD y PF derogada en 1998. Así las cosas, surgió la necesidad política del gobierno de Néstor Kirchner de anular dichas leyes para retrotraer los efectos, la derogación no era suficiente porque ésta, por su naturaleza, produce efecto para el futuro. República Argentina.

20 El 12 de agosto de 2003. República Argentina.

porque aún están vivos y que ostentaban las más bajas jerarquías y derechohabientes de las víctimas que impulsan las causas sin las mismas motivaciones que las víctimas muertas, en busca de un reparación integral económica por parte del Estado.

Militares de Ejército, Marina y Aeronáutica, gendarmes, prefectos, policías federales y provinciales, guardia cárceles, profesionales y empresarios civiles relacionados con el Proceso de Reorganización Nacional, todos adultos mayores, integrantes de grupos de riesgo, hoy están privados de libertad o procesados sin futuro cierto, siendo que lo más probable, es que mueran sin sentencia firme por razones etarias y por la lentitud endémica del Poder Judicial, en particular de la Justicia Federal de Argentina.

Paralelamente, las víctimas murieron sin justicia y solo sus derechohabientes o las víctimas más jóvenes de aquella época, continúan impulsando la acción penal por motivaciones económicas.

Estos hechos ocurrieron durante décadas dentro de un contexto de plazo irrazonable, dando forma a las dilaciones indebidas provocadas intencionalmente por los poderes del Estado Nacional Argentino.

En el año 2003 al declarar la nulidad de las leyes de Punto Final, Obediencia Debida [21]y los indultos concedidos por el ex presidente Carlos Saúl Menem, por parte del Congreso de la Nación Argentina, algunos jueces comenzaron a calificar como inconstitucionales los indultos concedidos por crímenes de lesa humanidad y reabrieron los casos archivados por ellos mismos, cuando aplicaron las leyes referenciadas previo control de constitucionalidad y convencionalidad.

Hubo pocas excepciones como resulta ser el caso de la Sala I de la Cámara Federal de San Martín que el 21 de noviembre de 2004 en el juicio "Bignone, Reynaldo y otros" dictó una sentencia "no" haciendo lugar a la nulidad de los indultos expresando que

21 La ley que declaró la nulidad de las leyes de OD y PF, es una ley que hecho historia en la trayectoria legislativa de la República Argentina, porque tiene 10 palabras, 2 artículos y 4 números increíblemente, nada más. Artículo 1: Declárase insanablemente nulas las leyes 23492 y 23521. Artículo 2: Comuníquese al Poder Ejecutivo Nacional.

"La excepción que (Ley 25.779) se presenta como más justa, deja para mañana como consecuencia el desconocimiento de principios republicanos como la división de poderes que podrían no ser sino el inicio de otras claudicaciones que concluirían por afectar a la sociedad toda".[22] El Poder Legislativo carece de autoridad para anular los actos del Poder Ejecutivo, ejercido conforme al poder conferido por la Constitución Nacional.

La anulación de las leyes de OD y PF, fue convalidada por la Corte Suprema de Justicia de la Nación, la que las declaró inconstitucionales el día 14 de junio de 2005 en abierta contradicción a su propio fallo del año 1987 en el cual, con el voto de cinco miembros, resolvieron que estas leyes eran constitucionales.

El 15 de junio del año 2006, la Cámara Federal de Casación Penal, el máximo tribunal penal de Argentina, consideró que los indultos concedidos por causas de lesa humanidad eran inconstitucionales, sin declarar inconstitucionales los indultos concedidos a las organizaciones de los terroristas subversivos o guerrilleros como Mario Eduardo Firmenich, Fernando Vaca Narvaja, Gorriarán Merlo y otros integrantes de esas organizaciones paramilitares, ni los indultos concedidos a notorios delincuentes inhabilitados como fueron los casos de Norma Kennedy, Duilio Antonio Rafael Brunello y otros, todos presos por malversación de fondos públicos. Tampoco se revocó el indulto concedido a quienes integraron los levantamientos carapintadas de Semana Santa, Monte Caseros y Villa Martelli. [23]

La CSJN, en el año 1990 confirmó el indulto decretado por la Presidencia de la Nación a Santiago Ornar Riveros,[24] razón por la cual, la sentencia quedó firme al resultar ser la corte la última instancia. Sin embargo, la CSJN posterior, con una conformación diferente, con fecha del 17 de julio de 2007, con la mayoría de

---

22 Sagüés, Nestor. "Sobre la derogación y "anulación" de leyes por el Poder Legislativo", La Ley. Tomo 2005 A, pág. 518. República Argentina. 2005.

23 Manfroni, Carlos A. El Doble Estándar de la Corte en Materia de Derechos Humanos. Revista Colegio de Abogados de la Ciudad de Buenos Aires. República Argentina. 2010.

24 Cf. María Angélica Gelli en "El liderazgo institucional de la Corte Suprema y las perplejidades del caso "Mazzeo" en La ley del 7/12/2007.

Ricardo Luis Lorenzetti, Elena Highton de Nolasco, Raúl Eugenio Zaffaroni y Juan Carlos Maqueda pero con la disidencia de Carmen Argibay y Carlos Santiago Fayt declaró inconstitucional el indulto de la sentencia de la propia Corte del año 1990. [25]

Es decir, que omitió darle valor legal a la cosa juzgada, no declaró írrita ni fraudulenta a la sentencia anterior y desconoció el efecto impeditivo que la cosa juzgada siempre tuvo y tiene, dejando sin efecto el sobreseimiento dictado.

La Doctora Carmen Argibay expresó en su voto contrario al de la mayoría, que *"Si el propio juicio sobre el desacierto de un fallo pasado pudiese dar lugar a una revisión de las sentencias firmes, el carácter final de las decisiones que estamos tomando vendría a significar apenas más que nada, pues sólo sería respetado por los jueces futuros en la medida de que fueran compartidas por ellos* ".

Posteriormente, la Corte Suprema de Justicia de la Nación, confirmó sentencias de tribunales inferiores, afirmando que los indultos eran inconstitucionales y que las condenas no cumplidas como consecuencia de las mismas, debían ser ejecutadas.

Estas resoluciones repenalizaron lo que se había despenalizado y se reprocesaron personas que hacía diecisiete años que estaban indultadas, excluyendo expresamente a las organizaciones terroristas armadas, conformadas por grupos sociales no gubernamentales, como el Ejército Montonero, el Ejército Revolucionario del Pueblo, las Fuerzas Armadas Revolucionarias, las Fuerzas Armadas Peronistas y otras, las que quedaron definitivamente fuera de toda posibilidad de ser juzgadas.

Oportuno es recordar, que el 10 de mayo del año 2005, la CSJN, resolvió un recurso extraordinario[26] confirmando por mayoría la sentencia del juez Claudio Bonadío que denegaba el pedido de extradición requerido por el Reino de España, pese a estar

25 Cf. María Angélica Gelli en "El liderazgo institucional de la Corte Suprema y las perplejidades del caso "Mazzeo" en La ley del 7/12/2007.

26 CSJN. Lariz Iriondo, Jesús María s/ solicitud de extradición. República Argentina. 2005.

fundamentado en el tratado[27] que obligaba a nuestro país en casos de terrorismo como lo fuera el de Lariz Iriondo, militante confeso de la ETA militar (Euskadi Ta Askatasuna) quien también había sido requerido por INTERPOL, por haber sido autor o coautor de más de 6 actos terroristas los cuales estaban debidamente documentados. Los Ministros Enrique Santiago Petracchi, Elena Highton de Nolasco, Ricardo Luis Lorenzetti y Carmen Argibay consideraron que la acción por la cual se pidió al terrorista, se encontraba prescripta para la legislación argentina. Los ministros Juan Carlos Maqueda y Raúl Eugenio Zaffaroni expresaron que *"no debe confundirse la consideración del terrorismo como crimen de lesa humanidad, lo que no ha sido consagrado en general por el derecho internacional consuetudinario".* [28]

Un fallo resuelto por mayoría, el que cuanto menos resulta llamativo, habida cuenta que los Ministros Carlos Santiago Fayt, Augusto Cesar Belluscio, consideraron prescriptas las acciones porque a la fecha de la comisión de los hechos del "terrorismo etarra" nuestro país aún no había ratificado el Convenio sobre Imprescriptibilidad de Crímenes de Guerra y Lesa Humanidad.

Resulta entonces "imprescindible" hacer referencia al artículo 3 común a los cuatro Convenciones de Ginebra de 1949 [29], vigente para la República Argentina desde el año 1957, el cual prohibía y sigue prohibiendo, atentar contra la vida de civiles y militares que no participen de conflictos internacionales o internos, [30] de modo tal que para época en que se ejecutaron los atentados y

27 Tratado de Extradición y Asistencia Judicial en Materia Penal entre la República Argentina y el Reino de España aprobado por Ley 23708 del 20 de octubre de 1989.

28 CSJN. Lariz Iriondo, Jesús María s/ solicitud de extradición. República Argentina. 2005.

29 Los Convenios de Ginebra de 1949 fueron ratificados por nuestro país por el gobierno de facto del Teniente General Pedro Eugenio Aramburu en el año 1956 y depositado el instrumento de ratificación en el año 1957 oportunidad en la cual comenzó a tener vigencia para Argentina.

30 Artículo 3–Conflictos no internacionales.
En caso de conflicto armado que no sea de índole internacional y que surja en el territorio de una de las Altas Partes Contratantes, cada una de las Partes en conflicto tendrá la obligación de aplicar, como mínimo, las siguientes disposiciones:

secuestros por parte de las organizaciones sociales armadas no gubernamentales, que operaron en las décadas del 60 y del 70, ya era derecho positivo internacional e interno.

Por lo expuesto precedentemente, se puede concluir que, si según la CSJN, al año 2003, el Terrorismo de Estado que tuvo lugar en el período comprendido entre 1976 y 1983 era imprescriptible, por aplicación del derecho consuetudinario, con mayor razón lo era, el accionar del Terrorismo Subversivo de las mencionadas organizaciones armadas argentina, en razón de que ya revestía el carácter de imprescriptible en el derecho positivo escrito.

Este sucinto resumen de lo actuado en materia penal por la Justicia Argentina, encierra un comportamiento absolutamente "errático", caprichosos, con tinte político e ilegal y contradictorio,

---

1) Las personas que no participen directamente en las hostilidades, incluidos los miembros de las fuerzas armadas que hayan depuesto las armas y las personas puestas fuera de combate por enfermedad, herida, detención o por cualquier otra causa, serán, en todas las circunstancias, tratadas con humanidad, sin distinción alguna de índole desfavorable basada en la raza, el color, la religión o la creencia, el sexo, el nacimiento o la fortuna o cualquier otro criterio análogo.

A este respecto, se prohíben, en cualquier tiempo y lugar, por lo que atañe a las personas arriba mencionadas:

a) los atentados contra la vida y la integridad corporal, especialmente el homicidio en todas sus formas, las mutilaciones, los tratos crueles, la tortura y los suplicios;

b) la toma de rehenes;

c) los atenta dos contra la dignidad personal, especialmente los tratos humillantes y degradantes;

d) las condenas dictadas y las ejecuciones sin previo juicio ante un tribunal legítimamente constituido, con garantías judiciales reconocidas como indispensables por los pueblos civilizados.

2) Los heridos y los enfermos serán recogidos y asistidos.

Un organismo humanitario imparcial, tal como el Comité Internacional de la Cruz Roja, podrá ofrecer sus servicios a las Partes en conflicto.

Además, las Partes en conflicto harán lo posible por poner en vigor, mediante acuerdos especiales, la totalidad o parte de las otras disposiciones del presente Convenio.

La aplicación de las anteriores disposiciones no surtirá efectos sobre el estatuto jurídico de las Partes en conflicto.

siendo la persona del justiciable, sospechada de haber delinquido, la que debe soportar de por vida, la negligencia estatal, conviviendo hasta el último hálito de vida, con la persecución penal a cuestas, al igual que su familia, amigos y seres queridos, con la consecuente desconfianza de la sociedad, que daña moralmente a todos los sindicados.

La conducta señalada, tampoco satisface a la víctima ni a los derechohabientes, porque la justicia tardía y absolutamente extemporánea, "no es justicia" y solo deben conformarse con unos pesos que les otorga el Estado para tapar su inconducta, consumada a través de las reiteradas dilaciones indebidas dentro y fuera del proceso penal.

Los juicios actuales parecen resultar insubsistentes habida cuenta que, *"la vigencia temporal del ius puniendi estatal ostentó una contención material histórica de lege data en el instituto de la prescripción de la acción penal y de la pena. Y así fue, como la pretensión estatal de imponer una condena y hacer cumplir la pena tiene legitimidad y eficacia si se realizan oportunamente en los taxativos plazos reglados en el Código Penal".*

"El endémico[31] *exceso de duración de los procesos penales, muchos de ellos con encierro cautelar incluido, concitó y concita resoluciones jurisprudenciales antes que legales para remediar el desquicio temporal de la pretensión punitiva estatal, que por elongarse en demasía se vuelve ontológicamente inoportuna e injusta. La legítima y necesaria facultad -poder- de castigar en un Estado Republicano debe encauzarse invariablemente en un proceso institucional cuyo trascurso y desarrollo en la dimensión temporal sea legal, legítimo y razonable. Si en cualquiera de sus etapas el trámite se excede gravemente en su racional extensión la misma perpetuación en tal demora o la misma existencia del trámite se vuelve ilegítima porque conculca el debido proceso, el derecho de defensa y duración razonable que debe ser norte para el trámite y finalización de un proceso convencional y constitucionalmente válido".*[32]

31 Endémico es un término utilizado en biología para indicar que una enfermedad está limitada a un ámbito geográfico reducido y que no se encuentra de forma natural en ninguna otra parte del mundo.

32 Gouvert, Juan Fernando. La insubsistencia de la acción ante la irrazonable duración del proceso penal. Revista de Pensamiento Penal.

La violación a la garantía de ser juzgado dentro de un plazo razonable, por el excesivo tiempo de duración del proceso penal y el elongado tiempo de procesamiento de los imputados, es palpable en casos donde después de más de 48 años de que se conocen que han ocurrido los hechos, se restaura la acción penal extinguida, luego el imputado es sometido a 7 años promedio de prisión preventiva,[33] hasta que se inicia el debate oral, los cuales en algunos casos suelen durar varios años, recibir condena por varios años de privación de la libertad y continuar con el doble conforme y otras instancias recursivas lo que cual ha de generar que lo más probable es que el imputado muera sin sentencia firme.

La insubsistencia de la acción por violación al plazo razonable de juzgamiento, se relaciona con el principio de inocencia, el derecho a la libertad del procesado, con el derecho de defensa del imputado, los principios constitucionales del debido proceso como lo son la garantía de acceso a la justicia, la tutela judicial efectiva y la economía procesal, denota explícita e implícitamente que la acción penal "debe" ejecutarse en un "Plazo Razonable". En sentido a lo expuesto, el excesivo tiempo de prolongación del proceso, aniquila los principios con sus consecuencias materiales, sin posibilidad de reparación ulterior.

Resulta oportuno recordar, la Convención Americana de Derechos Humanos (CADH), la que en su artículo 7.5 establece que "..... *tendrá derecho a ser juzgada dentro de un plazo razonable.....*", el artículo 9.3 del Pacto Interamericano de Derechos Civiles y Políticos (PIDCP) dice exactamente lo mismo, "*....y tendrá derecho a ser juzgada dentro de un plazo razonable....*" y el 14.3 del mismo pacto expresa que "*toda persona tendrá derecho a ser juzgada sin dilaciones*".

"*Ambos instrumentos integran el bloque de constitucionalidad argentino, en virtud del artículo 75 inc. 22 de la ley suprema que les otorga jerarquía constitucional. No existen dudas acerca de la*

República Argentina. 2017 http://www.pensamientopenal.com.ar/doctrina/44782-insubsistencia-accion-ante-irrazonable-duracion-del-proceso-penal

33 Unión de Promociones. República Argentina. 2020. http://www.uniondepromociones.info/

obligación de los jueces de aplicar las disposiciones convencionales, ni de su deber de controlar la compatibilidad de las normas jurídicas internas con la Convención Americana sobre Derechos Humanos, teniendo en consideración la interpretación que de la misma efectúa la Corte Interamericana. Ello ha sido señalado por la misma Corte Interamericana en el caso "Almonacid Arellano y otros vs. Chile"[34] *y en el plano interno por la Corte Suprema de Justicia de la Nación en numerosos precedentes, entre los que se destacan los fallos "Mazzeo"*[35], *"Ekmekdjian c/ Sofovich"*[36] *y "Simón"*[37]*."*[38]

También es pertinente hacer mención al artículo 67 inciso c) del Estatuto de Roma,[39] donde al hacer referencia a los derechos del acusado establece el de *"ser juzgado sin dilaciones indebidas"* lo cual implica reconocer una vez más, que el encartado tiene el derecho de ser juzgado en un plazo razonable.

La Convención Interamericana sobre la Protección de los Derechos Humanos de los Adultos Mayores[40] expresa en su artículo 31, Acceso a la justicia, *"La persona mayor tiene derecho a ser oída, con las debidas garantías y dentro de un plazo razonable, por un juez o tribunal competente, independiente e imparcial, establecido con anterioridad por la ley, en la sustanciación de cualquier acusación penal formulada*

---

34 Corte Interamericana de Derechos Humanos. *Almonacid Arellano y otros vs. Chile.* Excepciones preliminares, fondo, reparaciones y costas. Sentencia de 26 septiembre de 2006, Serie C No. 154, párr. 124. República Argentina.

35 Corte Suprema de Justicia de la Nación. "Mazzeo", Fallos, 330:3248. República Argentina. 2007.

36 Corte Suprema de Justicia de la Nación. "Ekmekdjian c/ Sofovich", La Ley, 1992-C-543. Argentina. 2008.

37 Corte Suprema de Justicia de la Nación. "Simón", Fallos, 328:2056. República Argentina. 2006.

38 Genera, Agustín. Revista de Pensamiento Penal. Derecho a ser juzgado en un plazo razonable: aspectos constitucionales y convencionales. Argentina. 2018

39 El Estatuto entró en vigor el 1 de julio del 2002 y en su artículo 11 establece su competencia temporal respecto de los crímenes cometidos a partir de esa fecha.

40 La Convención Interamericana sobre la Protección los Derechos Humanos de los Adultos Mayores, fue firmada por Argentina el 15 de junio de 2015 y entró en vigor el 11 de enero de 2017.

contra ella, o para la determinación de sus derechos y obligaciones de orden civil, laboral, fiscal o de cualquier otro carácter".

Y lo que resulta de mayor importancia en cuanto al plazo razonable, es que la mencionada convención expresa que *"Los Estados Parte se comprometen a garantizar la debida diligencia y el "tratamiento preferencial" a la persona mayor para la tramitación, resolución y ejecución de las decisiones en procesos administrativos y judiciales."*

En la causa "Eckle" [41], el Tribunal Europeo de Derechos Humanos (TEDH), destaca que *"...es el Estado quien incumplió el plazo razonable"*, siendo esta jurisprudencia incuestionable, razón por la cual, debería por lo menos pensarse, en culminar con estos procesos de lesa humanidad nacidos en el pasado Siglo XX, por aplicación de la citada garantía.

Si para el TEDH en el caso Eckle (15 de junio de 1982), por el hecho de que pasaran 3 (tres) años entre el acta de acusación y la apertura de las sesiones de juicio oral, situación que en palabras del tribunal, supone evidenciar falta de diligencia, cabe preguntarse qué palabras emplearía el mencionado Tribunal Europeo para describir la situación que se vive en Argentina, donde hay debates orales que comenzaron el año 2020 para juzgar hechos que ocurrieron en 1973, cuyo debate oral continúa a 48 años de los hechos, como es el caso de la organización paramilitar Triple A[42], que tiene sus orígenes en el gobierno peronista cuyo Presidente fue el Teniente General Juan Domingo Perón.

Cabe entonces preguntarnos que, criterio podría tener el TEDH si estuviese en conocimiento de que en Argentina, al año 2020, se desarrollaron 8 juicios de Lesa Humanidad y que hay más de 500 juicios en trámite, lo cual denota un tiempo bastante extenso hasta llegar al debate oral, dada la lentitud crónica de la justicia federal. Un cálculo simplista y lineal de a razón de 8 juicios por año, nos

41 Eckle c/ Alemania. Nro 8130/78. 15 de julio de 1982. Estrasburgo. Francia. 1982. https://hudoc.echr.coe.int/fre#{%22itemid%22:[%22001-62034%22]}

42 Gobierno de la provincia de Buenos Aires. Comenzó el Juicio a la Triple A. República Argentina. 11 de marzo de 2020. https://www.gba.gob.ar/derechoshumanos/noticias/comenz%C3%B3_el_juicio_la_triple_en_bah%C3%ADa_blanca

indica que, para realizar los 500 juicios pendientes, podríamos pensar en que los juicios por lesa humanidad finalizarán dentro de 62 años, es decir en el año 2082, razón por la cual, todas las víctimas y todos los victimarios estarán muertos, a menos que exista alguno que al año 1973 haya tenido 18 años de edad y logre vivir 127 años, lo cual es casi imposible.

Resulta oportuno recordar, que en la causa por contrabando de armas[43], contra Carlos Saúl Menem y otros, si bien la calificación legal del tipo penal no es de lesa humanidad, resulta interesante analizar que, en la absolución de los imputados, se expresó que se violó el plazo razonable, pues "*...al día de hoy han transcurrido más de 20 años desde la fecha de comisión de alguno de los hechos, y superado el máximo de la pena del tipo penal por el cual fueron acusados los imputados*".

En diciembre de 2019, la Sala III de la Cámara Federal de Casación Penal, decidió sobreseer al ex presidente Carlos Saúl Menem, al ex ministro de Economía Domingo Felipe Cavallo y otros funcionarios, en la causa por la enajenación del predio conocido como La Rural.

Se juzgó la venta del predio ferial de Palermo a la Sociedad Rural por 30 millones de pesos-dólares ocurrida en 1991. Menem, Cavallo y otras personas llegaron a juicio y fueron condenados por haber sido acusados de realizar y permitir esa transacción a precio vil, porque el valor real superaba los 130 millones de pesos-dólares.

La causa judicial por las presuntas irregularidades comenzó en 1999 y debido al tiempo transcurrido la Sala III tomó la decisión que benefició a los ex funcionarios. La Sala estaba compuesta por los jueces Eduardo Rafael Riggi, Liliana E. Catucci y Juan Carlos Gemigniani, quienes entendieron que la Justicia no puede expedirse 30 años después de que ocurrieron los hechos sobre la venta de los terrenos porque sostuvieron que se "*excedió el plazo razonable*".

---

43 Causa n° CPE 33008830/1997/8/1/CFC2 caratulada "Menem, Carlos Saúl y otros s/recurso de casación". República Argentina. 1997.

Lo interesante respecto del párrafo precedente, es considerar que, para los casos de los juicios de Lesa Humanidad, también vale el mismo razonamiento, ya que han superado holgadamente el máximo en expectativa de la pena por los cuales fueron imputados, juzgados, condenados y muchos ni siquiera juzgados desde hace 48 *años*, con injustificable exceso de plazo razonable.

Resulta oportuno recordar que en argentina el código penal y procesal penal, es el mismo para todos los habitantes, los tipos penales se aplican a todos por igual, no hay prescripciones ni plazos razonables "diferenciados" según los tipos delictivos.

La CSJN en los fallos "Arancibia Clavel"[44], "Simón"[45] y la Acordada 42/08 del 29 de diciembre de 2008,[46] señaló para los procesos de lesa humanidad que *"la necesidad de preservar el derecho de los procesados a que las causas se resuelvan en un plazo razonable, demanda un renovado y mayor esfuerzo en la coordinación de las medidas..."*, lo cual resulta doblemente importante porque considera la necesidad de juzgar en un plazo razonable, en razón de que toma nota del incumplimiento por parte de la Justicia Federal de ejercer la obligación de persecución penal, dentro ese plazo razonable.

Los Doctores María Laura Olea y Ricardo Saint Jean escribieron: *"Además, esta garantía para los imputados en las causas de lesa*

---

44 Causa Nro 259C. Recurso de Hecho Arancibia Clavel, Enrique Lautaro s/homicidio y asociación ilícita. Sentencia del 8 de Marzo de 2005. Nro. Interno: 869XXXVI. L.L. 29-04-05 (supl.), Nro 108.861. 20 20050625. República Argentina. 2005. file:///C:/Users/Usuario/AppData/Local/Temp/05000083.pdf.

45 Causa Nro 17.768. Simón, Julio Héctor y otros s/ privación ilegítima de la libertad, etc. (Poblete)
Sentencia del14 de Junio de 2005. Nro. Interno: 1767XXXV. 254 20050805. República Argentina.2005.

http://www.saij.gob.ar/corte-suprema-justicia-nacion-federal-ciudad-autonoma-buenos-aires-simon-julio-hector-otros-privacion-ilegitima-libertad-etc-poblete-causa-17768-fa05000115-2005-06-14/123456789-511-0005-0ots-eupmocsollaf

46 Corte Suprema de Justicia de la Nación. Acordada 42/08. Expediente 6020/08. República Argentina. 2008. https://www.cpacf.org.ar/files/acordadas/ac_csjn_4208.pdf

humanidad, fue reconocida por el Procurador General, en su dictamen del 30/10/2007, en la causa S.387 XLIII "Sr Fiscal general solicita desarchivo de causas que tramitaron por art. 10 ley 23.049".

"El Procurar General, Esteban Righi en su dictamen -al que se remitió la CSJN-, señaló en cuanto a la cosa juzgada y la prescripción de la acción penal invocada por la defensa, que resultaba de aplicación los precedentes "Mazzeo" y "Simón".

En relación a la garantía de ser juzgado en un plazo razonable indicaron: *"La única objeción no alcanzada por las remisiones precedentes (se refiere a "Simón" y "Arancibia Clavel") es la relativa a que el carácter imprescriptible atribuido a los crímenes de lesa humanidad atentaría contra el derecho fundamental al plazo razonable de duración del proceso penal..."* [47]

La Cámara Federal de Casación Penal, el 28 de febrero de 2012, suscribió con la firma de la totalidad de sus 12 miembros, la Acordada 1/12. Esta surge como consecuencia del incremento de procesos complejos, los que no detalla, pero hace mención exclusiva a los de lesa humanidad y en la acordada, se enuncian seis reglas prácticas para facilitar el cumplimiento de las funciones jurisdiccionales y posibilitar mayor dinámica y operatividad a las normas procesales en vigor, mencionando la garantía del plazo razonable en la regla cuarta al expresar *"....asegurando de esta manera celeridad, juzgamiento en plazo razonable y el debido proceso legal."*[48]

Cabe recordar, que respecto de las leyes de Obediencia Debida y Punto Final, puede discutirse si tienen o no aptitud interruptiva o suspensiva, pero no puede discutirse que habilitaron el ejercicio de las garantías judiciales mínimas consagradas en el artículo de

---

47 Juzgado Federal Nro 1 de Bahía Blanca. Expediente Nro FBB 15000005/2007 - Sec. DDHH. Caratulada: "Abelleira, Héctor Jorge y Otros S/ Privación Ilegal Libertad Pers. (Art. 142 Bis Inc. 5), Tortura, Homicidio Agravado P/ El Conc. De Dos O Más Personas y Asociación Ilícita. Víctima: Aberasturi, Mirna Edith Y Otros"

48 Cámara Federal de Casación Penal. Acordada 1/12. Reglas Prácticas. República Argentina. 2012. https://www.oas.org/juridico/PDFs/mesicic4_arg_acordada1-12.pdf

la CADH [49] que expresa entre muchas cosas que *"Toda persona tiene derecho a ser oída, con las debidas garantías y dentro de un plazo razonable, por un juez o tribunal competente, in-dependiente e imparcial, establecido con anterioridad por la ley, en la sustanciación de cualquier acusación penal formulada contra ella, o para la determinación de sus derechos y obligaciones de orden civil, laboral, fiscal o de cualquier otro carácter."*

Asimismo, tal como se expresó anteriormente, el artículo 14 del PIDCP [50], expresa que *"toda persona acusada de un delito tendrá derecho, en plena igualdad, a las siguientes garantías mínimas: ……c) A ser juzgado sin dilaciones indebidas".*

Las dilaciones evidentes y de dominio público en la iniciación, interrupción y vuelta a iniciarse, de estos procesos penales, han provocado su prolongación por hasta 48 años al año 2021 y en algunos casos será mayor, mientras que los encartados que esperan o futuros imputados que ignoran que lo serán, superan o superarán en exceso o duplicarán la pena prevista o en expectativa, por la calificación penal más gravosa y las víctimas mueren sin haber tenido acceso a la justicia, ni tutela legal efectiva, ni debido proceso.

Los hechos ocurrieron en la década del 70 y las imputaciones comenzaron aproximadamente en el año 2005, 32 años después, las instrucciones que se iniciaron se demoraron por años, las instrucciones suplementarias se extendieron por varios años más, mientras que no se sabe nunca con certeza, cuándo comenzará ni finalizará un debate oral, razón por la cual pensar en una sentencia firme resulta casi una utopía, aun cuando los acusados tengan sentencia definitiva, porque morirán antes de que esta quede firme y las víctimas o sus derechohabientes solo recibirán dinero pero no la satisfacción de haber tenido acceso a

---

49 Convención Americana de Derechos Humanos. Artículo 8. Garantías Judiciales. República Argentina. Promulgada el 19 de Marzo de 1984. http://www.derecho.uba.ar/publicaciones/libros/pdf/la-cadh-y-su-proyeccion-en-el-derecho-argentino/008-thea-garantias-judiciales-la-cadh-y-su-proyeccion-en-el-da.pdf

50 Pactos Internacional de Derechos Civiles y Políticos. República Argentina. Promulgada el 06 de mayo de 1984. http://servicios.infoleg.gob.ar/infolegInternet/anexos/20000-24999/23782/norma.htm

la justicia porque no fueron oídos en tiempo y forma. El debate ético y moral, sigue vigente.

Asimismo, es aceptado en todos los tribunales nacionales e internacionales, que *"la complejidad del caso "no" justifica extender la incertidumbre sobre la situación punible y mucho menos la procesal de los imputados más allá de la pena prevista para el delito que en abstracto se les imputa, puesto que el dilatado trámite procesal constituye una pena en sí mismo"*.[51]

El planteo en análisis, guarda similitud con *"la doctrina fijada por la Corte Suprema in re "Mattei" (Fallos 272:188, entre otros) por cuanto han transcurrido, aproximadamente, más de veinticinco años desde la comisión de los hechos y veintidós años desde que Haroldo Fusari y Edberto González de la Vega fueron imputados, término indiscutiblemente excesivo y, por tanto, violatorio de la garantía a ser juzgado en un plazo razonable, que ha sido objeto de condena a los Estados contratantes en los casos Genie Lacayo vs. Nicaragua (Corte IDH, sent.29/1/97), Salvador Chiriboga vs. Ecuador (Corte IDH, sent.6/5/08), Suárez Rosero vs. Ecuador (Corte IDH, sent.12/11/97), Baldeón García vs. Perú (Corte IDH, sent.26/4/06) y Ximenes Lopes vs. Brasil (Corte IDH, sent.4/7/06), entre otros, al interpretarse que el plazo razonable del art. 8.1 de la CADH se debe apreciar en relación con la duración total del procedimiento penal, y que en la especie aún no vislumbra su final."*[52]y [53]

---

51 Gouvert, Juan Fernando. La insubsistencia de la acción ante la irrazonable duración del proceso penal. Revista de Pensamiento Penal. República Argentina. 2017 http://www.pensamientopenal.com.ar/doctrina/44782-insubsistencia-accion-ante-irrazonable-duracion-del-proceso-penal

52 Causa n° CPE 33008830/1997/8/1/CFC2 caratulada "Menem, Carlos Saúl y otros s/recurso de casación". República Argentina. 2017.

53 CSJN, "Mattei, Ángel", Fallos 272:188, 29/11/1968. Se expresó que: "...debe reputarse incluido en la garantía de la defensa en juicio consagrada por el art. 18 de la Constitución Nacional el derecho de todo imputado a obtener –luego de un juicio tramitado en legal forma- un pronunciamiento que, definiendo su posición frente a la ley y a la sociedad, ponga término, del modo más rápido posible, a la situación de incertidumbre y de innegable restricción de la libertad que comporta el enjuiciamiento penal." (considerando n° 14) y que "...la idea de justicia impone que el derecho de la sociedad a defenderse contra el delito

La prescripción de la acción penal es un límite autoimpuesto por el propio Estado para ejercer su poder punitivo y cuando este se viola, nos conduce directamente a la posibilidad de declaración de la extinción de la acción penal, de oficio y de pleno derecho.

"Sin embargo, cuando no se ha sobrepasado el límite de la prescripción, pero la duración del proceso atenta contra lo razonable, surge otro obstáculo, en este caso, de jerarquía constitucional, que impide que el proceso pueda ser continuado e implica la insubsistencia de la acción penal y el consiguiente sobreseimiento del imputado".

"Esta alternativa fue la adoptada por la Sala Tercera de la Cámara Nacional de Casación en lo Criminal y Correccional de Capital Federal en un esclarecedor voto del Dr. Jantus. También en el voto en disidencia del Dr. Farah en una resolución de la Sala Segunda de la Cámara Nacional de Apelaciones en lo Criminal y Correccional Federal".

"En la misma línea interpretativa se encuentra Pastor quien agrega que la excepción de falta de acción es el remedio procesal idóneo para impedir la continuación del proceso".

"Por su parte, Sagüés señala que, ante un exceso inadmisible en la tramitación del proceso, aun si no ha prescripto la acción, debe declararse su extinción y sostiene que justicia pronta y prescripción pueden ser ideas paralelas".

"Por ello, si bien existe una estrecha relación entre la duración razonable del proceso y la prescripción de la acción penal, sus alcances no deben confundirse".

"El hecho de no haber operado los plazos de prescripción estrictamente dispuestos por la legislación, no significa necesariamente que la duración excesiva del proceso no pueda configurar una lesión a derechos de rango constitucional".

"Es justamente en los casos en los que no ha operado la prescripción de la acción penal, en los que se torna fundamental evaluar las circunstancias del proceso a la luz del derecho a ser juzgado en un

---

sea conjugado con el del individuo sometido a proceso, en forma que ninguno de ellos sea sacrificado en aras del otro." (considerando n° 16) La doctrina reiterada en los precedentes de Fallos 297:486, 298:50, 298:312, 300:1102, 316:2063, entre otros, y recientemente en Fallos 332:1492 y 333:1987. República Argentina. 1968.

plazo razonable, ya que, si se entiende que la acción se ha extinguido por prescripción, debe aplicarse ese instituto sin necesidad de recurrir a las garantías constitucionales".[54]

Asimismo, resulta interesante analizar el fallo de la Sala I de la Cámara Nacional de Casación en lo Criminal y Correccional de la Capital Federal, dictado en *"POZZI, Maximiliano Daniel s/ incidente de prescripción de la acción penal"*,[55] (causa nº 56.016/2002, Reg. 158/17), rta. 9/3/201, por el cual los vocales María Laura Garrigós de Rébori, Gustavo Bruzzone y Luis F. Niño, hicieron lugar al recurso de casación, revocaron la decisión recurrida, declararon extinguida la acción penal promovida en el requerimiento de elevación a juicio y, en consecuencia, sobreseyeron a Maximiliano Daniel Pozzi de la imputación penal.

En el caso del párrafo que antecede, precisaron que, "*.... dadas las excepcionales circunstancias que se presentaban (demora inicial de aproximadamente ocho años, en virtud de que la causa había sido extraviada, más tres años de inactividad por la rebeldía del imputado que no le eran plenamente atribuibles), se había vulnerado la garantía del plazo razonable, remitiéndose a los precedentes "Amaya, Luis Abelardo" (causa nº 32475/09, Reg. nº 125/16, rta. el 26/2/2016 que fuera remitida como Mail de interés nº 80/2016) y "Pérez, Juan José" (causa nº 45111/02, Reg. nº 76/16, rta. el 11/2/2016 que fuera remitida como Mail de interés nº 72/2016) en donde fue abordada la cuestión con mayor profundidad".*[56]

Como se aprecia en los casos anteriormente mencionados, el criterio sobre el plazo razonable es similar en todos ellos y no se observa razón alguna por la cual, no se pueda aplicar el mismo criterio para hechos que sucedieron en la década del 70, siendo

54 Genera, Agustín. El derecho a ser juzgado en un plazo razonable: aspectos constitucionales y convencionales. Revista de Pensamiento Penal. República Argentina. 2018.
http://www.pensamientopenal.com.ar/doctrina/46207-derecho-ser-juzgado-plazo-razonable-aspectos-constitucionales-y-convencionales.

55 Causa N° 56016/2002/TO1/6/CNC3, caratulada "POZZI, Maximiliano Daniel s/rechazo de prescripción". República Argentina. 2017.

56 Causa N° 56016/2002/TO1/6/CNC3, caratulada "POZZI, Maximiliano Daniel s/rechazo de prescripción". República Argentina. 2017.

que, al hablar de plazo razonable, se refiere a delitos sin tipificar, no se excluye a los de Lesa Humanidad y por lo tanto la norma no discrimina a cuáles si y a cuáles no y se considera que el plazo razonable es un "derecho humano" con garantía constitucional que no diferencia tipos penales sobre los que debe aplicarse.

En última instancia y para el caso que se pretenda justificar la demora en la inexistencia de medios suficientes, vale recordar que la garantía de plazo razonable no es una simple ecuación entre volumen de litigios y número de empleados en los tribunales, sino una referencia individual para el caso concreto, donde lo que está en juego es el deber del Estado de cumplir con los compromisos internacionales asumidos en materia de Derechos Humanos que se relacionan con el plazo.

Finalmente, si bien es lógico suponer que puede aplicarse la teoría del *"no plazo"* tal como ocurrió con el caso *"Firmenich"* [57], en el que la CSJN consideró *"que el plazo razonable no se podía traducir en un número fijo de días, semanas, meses o años, sino que debía examinarse esa razonabilidad a través de la confrontación de las circunstancias del caso con criterios determinados: la gravedad del hecho, sus características, las condiciones personales del imputado"* [58], lo que aquí se plantea, es que en el caso "Firmenich" ha sido el Estado Nacional, quien ejerciendo su poder soberano, decidió ejercer la persecución penal, mientras que en los casos de Lesa Humanidad es el mismo Estado el que decidió no impulsar la persecución penal por decenas de años para luego de transcurridos más de 30, cambiar de actitud y cumplir fuera de término, con algunas de sus obligaciones nacionales e internacionales, todo

---

57 Firmenich Mario Eduardo s/ doble homicidio calificado y secuestro extorsivo Causa N. 26.094. Sentencia del 28 de Julio de 1988. Nro. Interno: F000000077. República Argentina. 1988.
http://www.saij.gob.ar/corte-suprema-justicia-nacion-federal-ciudad-autonoma-buenos-aires-firmenich-mario-eduardo-doble-homicidio-calificado-secuestro-extorsivo-causa-26094-fa88000376-1988-07-28/123456789-673-0008-8ots-eupmocsollaf?

58 Gouvert, Juan Fernando. La insubsistencia de la acción ante la irrazonable duración del proceso penal. Revista de Pensamiento Penal. República Argentina. 2017.
http://www.pensamientopenal.com.ar/doctrina/44782-insubsistencia-accion-ante-irrazonable-duracion-del-proceso-penal

ello en perjuicio de las víctimas y los imputados, dentro de un contexto de plazo irrazonable y dilaciones indebidas ocasionadas por el propio Estado a través del accionar de los 3 órganos de poder del Estado.

Resulta oportuno recordar y analizar, que la "teoría del no plazo", al no establecer criterios precisos y concretos de los plazos de duración de los procesos penales, vulnera la garantía constitucional y genera una situación de inseguridad jurídica, inaceptable en un Estado de Derecho que perjudica directa o indirectamente a todos los habitantes. Cabe aclarar que este estado de inseguridad, es percibido por todos los habitantes y por los inversores extranjeros, quienes deciden colocar su capacidad productiva en Estados previsibles a sabiendas de que tal como expresó Recasens Siches [59], *"Sin seguridad jurídica no hay derecho, ni bueno ni malo ni de ninguna clase"*.

Haciendo uso de conceptos ambiguos, vacíos de contenido, adaptables a tesituras contradictorias, la teoría del no plazo, le permite al Estado, utilizar una supuesta garantía que resulta contraria a los intereses de los justiciables, porque en realidad la garantía esconde oscuros y cuestionables intereses, los que indudablemente no se ajustan al derecho nacional ni internacional, plasmados en la letra de los códigos y tratados con rango constitucional ya citados, siendo esta una clara manifestación de la corriente de pensamiento penal punitivista, aplicada en tiempos de los gobiernos de Adolf Hitler, Josep Stalin y Fidel Castro, por citar algunos casos.

La amplitud interpretativa de la teoría del no plazo, en la determinación de la razonabilidad del plazo para ser juzgado, puede generar y justificar cualquier tipo de decisiones sin ninguna certeza jurídica para los justiciables, cuyos procesos ostentan extensiones incuestionablemente desmesuradas.

El proceso penal, no puede prolongarse indefinidamente, habida cuenta de que luego del dictado de una sentencia condenatoria, sobreviene un largo y extenso camino ante las instancias recursivas

---

59 Recaséns Siches, Luis Pedro Alejandro (1903 - 1977) fue un abogado, jurista y filósofo del derecho hispano guatemalteco de renombre internacional.

hasta que la condena quede firme. Subsidiariamente, las víctimas y los encartados esperan, los años pasan y mueren sin encontrar satisfacción a sus pretensiones, las que no son otra cosa que las más "elementales" garantías constitucionales.

Si a lo expresado en el párrafo que antecede, le agregamos la Resolución 1/2021 publicada el 03 de febrero de 2021 en el Boletín Oficial, por medio de la cual la Comisión Bicameral del Congreso de la Nación Argentina puso en práctica determinados artículos del Código Procesal Penal Federal[60], entre ellos el 366, inciso f) *"que habilita la revisión de una sentencia firme en favor del condenado toda vez que se dicte en el caso concreto una sentencia de la Corte Interamericana de Derechos Humanos o una decisión de un órgano de aplicación de un tratado en una comunicación individual"*, podríamos inferir, que el concepto de plazo razonable, entra directamente en crisis o que será más empleado que nunca, para evitar que las sentencias queden firmes. El tiempo y la jurisprudencia señalarán el camino a tomar.

En la causa Menem, por Contrabando de Armas a Croacia y Ecuador [61], sobre el plazo razonable, la Sala I de la Cámara Federal de Casación Penal, con fecha 04 de octubre de 2018, absolvió al ex presidente de la Nación y senador nacional, Carlos Saúl Menem y otros, porque, habida cuenta que los hechos juzgados habían tenido lugar en el año 1991, los jueces Eduardo Rafael Riggi, Carlos Mahiques y Liliana Catucci, consideraron que en la causa se violó la garantía de ser juzgado en un plazo razonable.

---

60 La Ley 27.063 que fue aprobada el 4 de diciembre del año 2014 y promulgada, cinco días después se refiere al nuevo Código Procesal Penal Federal. La norma delegó en la Comisión Bicameral de Monitoreo e Implementación del Nuevo Código Procesal Penal de la Nación, la evaluación, control y propuestas para la implementación y adecuación de la legislación. También se dejó en manos del Congreso de la Nación Argentina, toda otra modificación y adecuación legislativa necesaria para la mejor implementación del nuevo Código Procesal Penal de la Nación.

61 Cámara Federal Casación Penal–Sala I CPE33008830/1997/8/1/CFC2 Menem, Carlos S. y otros/casación. República Argentina. 2018. https://www.cij.gov.ar/nota-32015-Resoluci-n-de-la-C-mara-Federal-de-Casaci-n-Penal-en-la-causa-contra-Carlos-Menem-por-contrabando-de-armas.html

Es oportuno recordar que, en el año 2013, el Doctor Carlos Saúl Menem había sido condenado por el Tribunal Oral en lo Penal Económico Nº 3 a la pena de siete años de prisión como coautor del delito de contrabando agravado por tratarse de material bélico [62] y por contar con la intervención de funcionarios públicos y de más de tres personas, reiterado en diez hechos. En 2017 la Sala I de la Casación, con votos de los jueces Juan Carlos Gemignani, Ana María Figueroa y Ángela Ledesma ratificó la condena *"debiendo el tribunal de origen fijar la pena que corresponda"*.[63]

La defensa del ex presidente Menem, apeló por considerar que hubo *"graves defectos exhibidos en un trámite desmedidamente prolongado de 27 años transcurridos desde 1991 en que ocurrieron los hechos"*.

La defensa del ex mandatario y los demás condenados recurrieron nuevamente el fallo a efectos de que se revise la condena, de conformidad con la doctrina de la Corte aplicada en los casos de Carlos Carrascosa y Callejeros y solicitaron la absolución por aplicación de la garantía de ser juzgado en plazo razonable, pues *"al día de hoy han transcurrido más de 20 años desde la fecha de comisión de alguno de los hechos y superado el máximo de la pena del tipo penal por el cual fueron acusados los imputados"*.

No obstante, los jueces reconocieron *"la complejidad de la causa y la secuencia de graves errores procesales puestos de manifiesto, obstaculizaron la investigación a tiempo de los verdaderos delitos cometidos y de la determinación de sus responsables"*, que son *"defectos que pasaron desapercibidos, aún para los acusadores públicos que no supieron encauzar en sus verdaderas formas jurídicas, la acción que llevaban de su mano"*.

En otro pasaje del fallo, Casación pondera los *"graves defectos exhibidos en un trámite desmedidamente prolongado de 27 años*

62 "La venta ilegal de 6500 toneladas de armas y municiones a Ecuador y Croacia fue descubierta en marzo de 1995 por el periodista Daniel Santoro, del diario Clarín, y denunciada un mes más tarde ante la Justicia por el abogado Ricardo Monner Sans, ante el juez federal Jorge Urso". República Argentina. 2010. https://chequeado.com/ique-fue-de/el-contrbando-de-armas-a-ecuador-y-croacia/

63 Idem 60

transcurridos desde 1991 en que ocurrieron los hechos, durante los cuales se acumularon más de 300 cuerpos con miles de fojas".

"En ese mismo sentido, los jueces resaltaron que la necesidad de "lograr una administración de justicia dentro de lo razonable, resulta un derecho fundamental del imputado, que es manifestación de las garantías de la defensa en juicio y debido proceso legal."

"Lamentablemente la falla sólo es atribuible a los operadores procesales y no son los justiciables los que deben hacerse cargo, por lo que cobra vocación aplicativa la jurisprudencia del Alto Tribunal supra citada", sintetizaron los jueces, para quienes "en el caso, la duración del proceso por casi dos décadas, viola ostensiblemente las garantías de plazo razonable del proceso y del derecho de defensa".[64]

En el caso de Menem por contrabando de armas, la Doctora Liliana E. Catucci, expresó en su extenso voto el cual transcribo parcialmente, que:

"Los defectos observados en la sentencia condenatoria controlada por mandato del más Alto Tribunal se conectan, indudablemente, con la violación de otra garantía constitucional de jerarquía superior, como lo es la garantía del imputado a ser juzgado en un plazo razonable".

"Su afectación había sido invocada por las defensas con insistencia durante el trámite casatorio, pero no fue atendida por los señores Jueces que dictaron la sentencia condenatoria, y nuevamente reclamada por los recurrentes en sus respectivos escritos, tanto en los recursos extraordinarios federales que fueron admitidos por la Corte Suprema de Justicia de la Nación, como en las presentaciones efectuadas en el término de oficina."

"Para todo lo que se debió probar, el tiempo pasó de largo. La complejidad de la causa y la secuencia de graves errores procesales puestos de manifiesto, obstaculizaron la investigación a tiempo de los verdaderos delitos cometidos y de la determinación de sus responsables."

---

64 Cámara Federal Casación Penal–Sala I CPE33008830/1997/8/1/CFC2 Menem, Carlos S. y otros/casación. República Argentina. 2018. https://www.cij.gov.ar/nota-32015-Resoluci-n-de-la-C-mara-Federal-de-Casaci-n-Penal-en-la-causa-contra-Carlos-Menem-por-contrabando-de-armas.html

"Defectos que pasaron desapercibidos, aún para los acusadores públicos que no supieron encauzar en sus verdaderas formas jurídicas, la acción que llevaban de su mano."

"No puede dejar de ponerse en evidencia que, a consecuencia del examen ordenado por el Superior, al recorrer las más de setenta y tres mil fojas de este vetusto expediente, sin contar los legajos incidentales, muchos delitos saltaron a la vista, cuya génesis no pudo ser otra que los decretos del Poder Ejecutivo Nacional".

Cabe aquí recordar, que para los operadores judiciales, la génesis de los delitos de Lesa Humanidad tuvo lugar en el gobierno democrático del entonces presidente Teniente General Juan Domingo Perón, oportunidad en que se gestó, organizó y comenzó a operar ilegalmente, la organización parapolicial denominada La Triple A, accionar acreditado en un expediente que tiene más de 20 cuerpos, 4.000 fojas, sin contar los cuerpos accesorios, tramitado en la Justicia Federal de Bahía Blanca, hoy 2021, en pleno debate oral ante el Tribunal Oral Federal Criminal de dicha ciudad.

Continúa la Doctora Catucci en su fallo: *"Y ahora toca a este tribunal y, sin la ayuda del tiempo, fallar este complicado proceso en el que estuvieron involucrados funcionarios del estado, inclusive el titular de la Primera Magistratura de la Nación".*

"Demasiados errores trastocaron el debido proceso y, lejos de poder -a esta altura de los hechos- lograr el enjuiciamiento de los responsables de graves delitos de corrupción, se ha de llegar a una conclusión que respete los principios constitucionales y las reglas procesales."

La misma conclusión a la que se llega la Doctora Catucci en el párrafo anterior, es la que desean las víctimas y los imputados en los juicios de lesa humanidad

Sigue expresando en su fallo la Doctora: *"Y sobre ese único delito, se condenó en violación al principio de legalidad, forzando tipos penales, en franca transgresión a las garantías constitucionales fundamentales como el derecho de defensa en juicio y el debido proceso legal, proceder intolerable en un Estado democrático de derecho (art. 18 de la C.N.)."*

"Frente a lo expuesto, sólo cabe definir este complejo y desmañado expediente atendiendo a una de las garantías fundamentales diseñada por el Máximo Tribunal cuando demasiado tiempo ha pasado por las hojas de un expediente."

"Me refiero, ni más ni menos, a la inherente al exceso temporal para juzgar, que no es otra que la del plazo razonable de juzgamiento (Fallos: 322:360, disidencia de los jueces Petracchi y Boggiano, y 327:360)."

Vale recordar que los hechos que hoy se ventilan en los debates orales por Lesa Humanidad, ocurrieron hace 48 años, 21 años más que en el caso del fallo al que estamos haciendo referencia.

"Lamentablemente la falla sólo es atribuible a los operadores procesales y no son los justiciables los que deben hacerse cargo, por lo que cobra vocación aplicativa la jurisprudencia del Alto Tribunal supra citada."

"La necesidad de lograr una administración de justicia dentro de lo razonable, resulta un derecho fundamental del imputado, que es manifestación de las garantías de la defensa en juicio y debido proceso legal, y así ha sido reconocido por el Alto Tribunal, esta Cámara Federal de Casación Penal, como asimismo por la Corte Interamericana de Derechos Humanos (CSJN "Mozzatti, Camilo" Fallos 300:1102, causa B. 898.XXXVI "Barra, Roberto Eugenio Tomás s/defraudación por administración fraudulenta" -causa nº 2053- W-31, autos E. 387. XXXVIII. "Egea, Miguel Ángel s/ prescripción de la acción -causa n⊠ 18.316-."; CFCP Sala III causas n° 9525 caratulada "Cañete, José Roberto s/ recurso de casación" reg. 325, del 31/3/09, n° 9405 caratulada "Peón Hoyuela, Jesús y otros/ recurso de casación" reg. 496, del 24/4/09, n° 10.455 caratulada "Romero Pucciarello, Juan y otros s/recurso de casación" reg. 808, del 18/6/09, n° 10.020 caratulada "González Barrios, Celso s/rec. de casación" reg. 541, del 30/4/09, n° 10.270 "Mora Sanabria, Hugo César s/recurso de casación" reg. 1601, del 10/11/09, y n° 15.173 "Cavasín, Jorge Rogelio s/recurso de casación" reg. 492/12, del 19/04/12; CIDH casos "Hilaire, Constantine y Benjamín y otros vs. Trinidad y Tobago", sentencia del 21 de junio de 2002; "Suárez Rosero", sentencia del 12 de noviembre de 1997; y "Genie Lacayo", sentencia del 29 de enero de 1997)."

"Recordemos tan sólo en este punto, que desde antaño la Corte Suprema de Justicia de la Nación ha sostenido que evitar la prolongación indefinida de los procesos "...es esencial atento a los valores que entran en juego en el juicio penal, [pues] obedece al imperativo de satisfacer una exigencia consubstancial con el respeto debido a la dignidad del hombre, cual es el reconocimiento del derecho que tiene toda persona a liberarse del estado de sospecha que importa la acusación de haber cometido un delito, mediante una sentencia que establezca, de una vez y para siempre, su situación frente a la ley penal"; agregándose que "...en suma, debe reputarse incluido en la garantía de defensa en juicio consagrada por el artículo 18 de la CN, el derecho de todo imputado a obtener (...) un pronunciamiento que (...) ponga término del modo más rápido posible a la situación de incertidumbre y de innegable restricción a la libertad individual que comporta el enjuiciamiento penal" (CSJN Fallos 272: 188)."

Lo señalado en los párrafos anteriores, no ocurre en los juicios de lesa humanidad. No hay respeto por la dignidad del hombre. Las víctimas mueren sin tener acceso a la justicia, sin haber sido objeto la debida tutela efectiva por parte del Estado Nacional y sin la satisfacción moral de haber sido, parte oída en un juicio justo. En el caso de los imputados, estos nunca logran liberarse del estado de sospecha, mueren sin sentencia firme, no se respeta lo normado en el artículo 18 de nuestra CN y al final de sus vidas, debe rendir cuentas por lo que hicieron al comienzo de la misma, aspectos estos que se desarrollarán más en detalle durante el presente trabajo integrador.

"El Alto Tribunal en Fallos "B. 898. XXXVI. Recurso de Hecho, Barra, Roberto Eugenio Tomás s/defraudación por administración fraudulenta, causa n° 2053-W-31C.", ha dicho en cuanto al alcance que cabe asignar a la garantía a obtener un pronunciamiento judicial sin dilaciones indebidas derivada del art. 18 de la Constitución Nacional y de tratados internacionales referidos en ella (arts. 7°, inc. 5°, y 8°, inc. 1°, C.A.D.H.), que "con anterioridad a la expresa incorporación del derecho invocado a la Constitución Nacional, éste ya había sido reconocido por el Tribunal al interpretar los principios de progresividad y preclusión como instrumentos procesales aptos para evitar la duración indeterminada de los juicios."

"Así, en "Mattei" (Fallos: 272:188), se dijo que ellos obedecen al imperativo de satisfacer una exigencia consustancial con el respeto debido a la dignidad del hombre, cual es el reconocimiento del derecho que tiene toda persona a liberarse del estado de sospecha que importa la acusación de haber cometido un delito, mediante una sentencia que establezca, de una vez y para siempre, su situación frente a la ley penal (considerando 10)."

"Debe reputarse incluido en la garantía de la defensa en juicio consagrada por el artículo 18 de la Constitución Nacional el derecho de todo imputado a obtener luego de un juicio tramitado en legal forma un pronunciamiento que, definiendo su situación frente a la ley y a la sociedad, ponga término, del modo más rápido posible, a la situación de incertidumbre y de innegable restricción de la libertad que comporta el enjuiciamiento penal" (considerando 14)."

"Idéntico criterio se siguió en Mozzatti (Fallos: 300:1102), frente a un proceso que se había prolongado durante veinticinco años. Allí se reafirmó el principio conforme al cual la defensa en juicio y el debido proceso se integran por una rápida y eficaz decisión judicial."

"La garantía a obtener un pronunciamiento judicial que defina de una vez y para siempre ante la ley y la sociedad, se basa en que el Estado con todos sus recursos y poder no tiene derecho a llevar a cabo esfuerzos repetidos para condenar a un individuo por un supuesto delito, sometiéndolo así a las molestias, gastos y sufrimientos, y obligándolo a vivir en un continuo estado de ansiedad e inseguridad, y a aumentar también la posibilidad de que, aun siendo inocente, sea hallado culpable (Fallos: 272:188)."

"Amén de tales perjuicios que le ocasiona al imputado un proceso que dura años, el Estado también se ve perjudicado con dicha práctica, no sólo por el dispendio jurisdiccional que ella significa, sino porque se distorsionan todos los fines de la pena, que para su eficacia requieren la menor distancia temporal entre el hecho y la condena". Además, mientras más tiempo transcurre, las pruebas que apoyan a la prosecución también se debilitan, pues en la investigación criminal el tiempo que pasa es la verdad que huye (del voto de los ministros doctores Carlos Santiago Fayt y Gustavo A. Bossert en Fallos: 322:360, considerando 17)."

Tal como señala la doctora Catucci, los fines de la pena no habrán de cumplirse con personas adultas mayores que superan los 65 años de edad y sobre los cuales el modelo correccional no podrá aplicárseles nunca, porque el régimen de progresividad es de imposible cumplimiento, por una simple razón etaria, lo cual nos induce a afirmar, que los condenados por lesa humanidad, morirán cumpliendo la pena o dicho en otros términos, la pena es una condena a muerte en cautiverio.

"El derecho al speedy trial, consagrado por la Sexta Enmienda de la Constitución norteamericana (En toda persecución penal, el acusado gozará del derecho a un juicio rápido y público...), es considerado una importante salvaguarda para prevenir el encarcelamiento indebido y opresivo con anterioridad al juicio, para reducir al mínimo la ansiedad y preocupación que acompaña a una acusación pública y para limitar la posibilidad de que el retraso perjudique las posibilidades de defensa del acusado (United States v. Ewell, 383U.S. 116, 120 1966)."

"Estrechamente relacionada con la extensión de la demora se encuentra la razón que el Estado asigna para justificarla...Debe asignarse distinta gravitación a razones diferentes. Una tentativa deliberada de retrasar el juicio para obstaculizar la defensa debe ponderarse fuertemente en contra del Estado. Una razón más neutral, tal como negligencia o cortes sobrecargadas de tareas debe gravitar menos pesadamente, pero sin embargo debe ser tenida en cuenta, puesto que, la responsabilidad última de tales circunstancias debe descansar en el Estado más que en el enjuiciado (del punto IV del voto del justice Powell en el caso Baker v. Wingo 407 U.S. 514).".

"Este criterio también ha sido adoptado por los tribunales internacionales de derechos humanos. Así, la Corte Interamericana de Derechos Humanos, considera que el plazo razonable al que se hace referencia el art. 8°, inc.1° de la Convención Americana de Derechos Humanos, debe medirse en relación a una serie de factores tales como la complejidad del caso, la conducta del inculpado y la diligencia de las autoridades competentes en la conducción del proceso (caso 11.245 resuelto el 1° de marzo de 1996, considerando 111); definición que también recepta la Corte Europea, en la exégesis del art. 6.1 de la Convención para la Protección de los Derechos

Humanos y las Libertades Fundamentales (confr. Terranova v. Italia, 4 de diciembre de 1995; Phocas v. Francia, 23 de abril de 1996 y Süssmann v.Alemania, 16 de septiembre de 1996).".

"Desde otro plano, cabe poner de relieve que el Tribunal ha reconocido varias veces "la relación existente entre 'duración del proceso' y 'prescripción de la acción penal (confr. causa 'Baliarde', Fallos: 306:1688 y 316:1328 en los que se consideró que constituía un apego ritual injustificado la postergación del planteo de prescripción al momento de la sentencia; 312:2075 caso en el que se admitió por analogía la aptitud de la prescripción, a pesar de no encontrarse expresamente prevista en la norma entonces en discusión, para producir los efectos de otras formas de finalización del proceso favorables al imputado").".

"De estos precedentes se desprende que el derecho del imputado a que se ponga fin a la situación de indefinición que supone el enjuiciamiento penal puede encontrar tutela en la prescripción de la acción.".

"Como se destacó en Fallos: 312:2075 el pronunciamiento garantizador del art. 18 de la Constitución Nacional (...) puede consistir naturalmente en la declaración de prescripción de la acción penal.".

Que *"El instituto de la prescripción cumple un relevante papel en la preservación de la defensa en juicio, al impedir que los individuos tengan que defenderse respecto de acusaciones en las cuales los hechos básicos han quedado oscurecidos por el paso del tiempo y al minimizar el peligro del castigo estatal por hechos ocurridos en un pasado lejano."*.

La prescripción, es justamente la solución propuesta en este ensayo, habida cuenta que parecería ser el instituto que pondría fin a procesos extremadamente prolongados, casi por medio siglo, sin que por ello se deje de ofrecer una reparación integral a las víctimas que por derecho les corresponde.

"Esta limitación temporal puede asimismo tener el saludable efecto de incitar a los funcionarios encargados de aplicar la ley para que investiguen prontamente las supuestas actividades delictivas (404 U.S. 307, 323 United States v. Marion.".

"Y como dijera el Tribunal..., con fundamento en la garantía de la defensa en juicio, el imputado tiene derecho a obtener después de un proceso tramitado en legal forma un pronunciamiento que ponga término, del modo más rápido posible a la situación de incertidumbre y restricción a la libertad que comporta el enjuiciamiento penal.".

"El loable objetivo de 'afianzar la justicia' (Preámbulo de la Constitución Nacional) no autoriza a avasallar las garantías que la misma Constitución asegura a los habitantes de la Nación (art. 18), (Fallos: 316:365).".

"Lo dicho ha sido ratificado por el Superior, en Fallos FGR 81000599/2007/17/RH9 "Goye, Omar y otros s/administración pública", del 26 de diciembre de 2017, ocasión en la cual señaló que "...en distintos precedentes relativos a la garantía de defensa en juicio y al derecho a ser juzgado sin dilaciones indebidas, esta Corte Suprema reiteradamente ha puesto énfasis en que, con excepción del supuesto de una actividad defensista fundadamente calificada de abusiva, no puede hacerse recaer en el imputado la demora en la tramitación del proceso cuyo impulso diligente está a cargo del Estado.".

"Así, resultan numerosas las oportunidades en que este Tribunal ha aplicado este 'rationale' y, más allá de las distintas aristas que se presentaban en cada una de ellas, no quedan dudas que se lo ha utilizado decididamente como principio rector y directriz indubitada de la expresa finalidad de resguardar la eficacia misma de la garantía de defensa en juicio.".

"Tras recordar lo dicho en los leading case "Mattei" y "Barra", agregó la Corte Suprema que "...en el mismo sendero se ubica el precedente "Acerbo" (Fallos: 330:3640), en el que se puso de resalto que a los fines de determinar la afectación del derecho a ser juzgado en un plazo razonable, no puede atribuirse a la actividad de la defensa un papel decisivo en la demora cuando no medió una especial vocación de dilatar el proceso y que, por el contrario, si el principal responsable de la dilación ha sido el desempeño de los diversos órganos de la administración de justicia, no pueden hacerse caer sobre el imputado los costos de lo sucedido.".

"Por último, y más recientemente, en CSJ 294/2011, F47-F)/CS1 "Funes, Gustavo Javier y otro, s/encubrimiento, etc -incidente de excepción por extinción de la acción penal – recurso extraordinario", sentencia del 14 de octubre de 2014, se destacó, con cita del precedente "Amadeo de Roth" (Fallos: 323:82) y de la sentencia "Albán Cornejo y otros vs. Ecuador" de la Corte Interamericana de Derechos Humanos (sentencia del 22 de noviembre de 2007, párrafos 111 y 112), que el imputado no es el responsable de velar por la celeridad y diligencia de la actuación de las autoridades en el desarrollo del proceso penal, razón por la cual no se le puede exigir que soporte la carga del retardo en la administración de justicia pues ello traería como resultado el menoscabo de los derechos que le confiere la ley.".

Tal como ha sido señalado en los *párrafos* precedentes, los imputados y las víctimas no tienen que *"soportar la carga del retardo en la administración de justicia"* porque se menoscaban los derechos que la ley les confiere.

"Que, a partir de lo dicho, la Corte consideró imperioso aplicar "... al caso aquí traído aquel principio rector, en lo que a la garantía de la defensa en juicio y al derecho a ser juzgado sin dilaciones indebidas se refiere y, por tal motivo, resulta de toda evidencia que lo resuelto por el a quo no se condice con lo reiteradamente sostenido por este Tribunal y ello en la medida en que se justificó la demora en la tramitación del proceso penal en el tiempo insumido en la resolución de las incidencias planteadas por la defensa de los imputados sin siquiera calificar de dilatoria esa actividad.".

"Que, en esta inteligencia, recordó también que "...si bien es cierto que las sentencias de la Corte solo deciden los procesos concretos que le son sometidos y no resultan obligatorias para casos análogos, no menos lo es que los jueces inferiores tienen el deber de conformar sus decisiones a esa jurisprudencia y, por tal razón, carecen de fundamentación los pronunciamientos que se apartan injustificadamente de los precedentes del Tribunal (arg.mutatis mutandi Fallos: 329:4931; 335:2326; entre otros).".

"Así pues, resultan de aplicación también al caso – mutatis mutandi- las consideraciones efectuadas por el Superior en Fallos "P. 259.XXIII. RECURSO DE HECHO Polak, Federico Gabriel s/ violación de los deberes de funcionario público s/ casación -causa

N° 174-4/95-. Buenos Aires, 15 de octubre de 1998.", ocasión en la que sostuvo como interpretación amplia de la garantía contra el múltiple juzgamiento, que "...no es posible permitir que el Estado, con todos sus recursos y poder, lleve a cabo esfuerzos repetidos para condenar a un individuo por un supuesto delito, sometiéndolo así a molestias, gastos y sufrimientos, y obligándolo a vivir en un continuo estado de ansiedad e inseguridad, y a aumentar, también, la posibilidad de que, aun siendo inocente, sea hallado culpable (confr. citas en Fallos: 310:2845, disidencia de los jueces Petracchi y Bacqué).". "Que ese mismo alcance ha asignado a la cláusula en examen la Corte Suprema de los Estados Unidos de América en distintos precedentes, en los que sostuvo que si bien el imputado no tiene un derecho a la absolución cuando el reenvío del juicio se funda en errores ordinarios del procedimiento ("Lockhart v. Nelson", 488 U.S. 33.38, 1988; "Oregon v. Kennedy", 456 U.S., at. 685; "Tibbs v. Florida", 457 U.S. 31,40, 1982), ello no debe hacer perder de vista que el gobierno -en nuestro caso el fiscal- no puede manipular el primer juicio para evitar una posible absolución y mantener abierta la chance de un nuevo juicio al imputado ("Jorn", 400 U.S. at. 484), de modo que también se ha incluido en el fundamento de la cláusula que el Estado no tiene derecho a un nuevo juicio cuando es él quien origina esos errores, porque la situación se equipara al supuesto en que ha fallado al presentar el caso ("Oregon v. Kennedy", 456 U.S. 667, 1982)."

"En tales condiciones, más allá de la complejidad del asunto, siguiendo las pautas marcadas por la Corte Suprema de Justicia de la Nación, el tiempo ya transcurrido resulta violatorio para los derechos de los imputados a ser juzgados en un tiempo razonable (art. 8°, inc. 1°, C.A.D.H.).

"Más allá de que por los vicios de fundamentación y de fondo señalados, la magnitud del tiempo transcurrido y la morosidad judicial advertida, no imputable a las defensas, opino que no corresponde otorgar conformidad al fallo en examen según el mandato recibido de la Corte Suprema de Justicia de la Nación y decidir en consecuencia, la absolución de los encausados por extinción de la acción penal en mérito a la garantía constitucional de ser juzgado en un plazo razonable (cfr. art. 59 inc. 3° del C.P.)".

"Tal es mi voto".[65]

Haciendo un pequeño acto reflexivo relacionado con el caso Menem que se acaba de analizar, el voto de la Doctora Catucci y los juicios de lesa humanidad, ¿no hubo graves defectos exhibidos en un trámite desmedidamente prolongado de 48 años transcurridos desde 1973 en que ocurrieron los primeros hechos, si comparamos el caso Menem que fue de 27 años y que finalizó con la absolución del Doctor Menem? La respuesta es obvia y lo que se debería resolver, a mi juicio, también lo es.

El caso Furlán y familiares vs. Argentina (2012) [66], resulta útil para ahondar en el criterio de la subsistencia de la acción penal. El caso de referencia, exigió que las autoridades judiciales actuaran con mayor diligencia, debido a que, de la brevedad del proceso dependía obtener una indemnización para la familia de la víctima, que estaba destinada a cubrir las deudas adquiridas para la rehabilitación de su hijo.

Para este caso particular, la Corte consideró que la excesiva prolongación del proceso había incidido de manera relevante y cierta en la situación jurídica de la víctima y su efecto tuvo un carácter irreversible. Sin embargo, este proceso se inició el 18 de diciembre de 1990 y concluyó el 12 de marzo de 2003, es decir, 12 años y tres meses, aproximadamente.

Teniendo en cuenta las razones expuestas, la CIDH consideró que el Estado no ha demostrado que la demora prolongada por más de 12 años no sea atribuible a la conducta de sus autoridades (...). Similar situación a la anterior se evidenció en el caso Perrone y Preckel.

El 19 de octubre de 2017 la Comisión Interamericana de Derechos Humanos sometió a la jurisdicción de la Corte el caso "Perrone y Preckel" contra la República de Argentina.[67]

---

65 Cámara Federal Casación Penal–Sala I CPE33008830/1997/8/1/CFC2 Menem, Carlos S. y otros/casación. República Argentina. 2018. https://www.cij.gov.ar/nota-32015-Resoluci-n-de-la-C-mara-Federal-de-Casaci-n-Penal-en-la-causa-contra-Carlos-Menem-por-contrabando-de-armas.html

66 Corte Interamericana de Derechos Humanos. Caso Furlán y Familiares Vs. Argentina. Costa Rica. 2012. https://www.corteidh.or.cr/tablas/fichas/furlan.pdf

67 Corte Interamericana de Derechos Humanos. Caso Perrone y Preckel, República de Costa Rica. 2019. https://www.corteidh.or.cr/docs/casos/articulos/seriec_385_esp.pdf

De acuerdo con lo indicado por la Comisión, el caso se relaciona con la violación de los derechos a las garantías judiciales y protección judicial en los procesos administrativos y judiciales iniciados por Elba Clotilde Perrone y Juan José Preckel a efectos de solicitar el pago de los salarios y beneficios sociales dejados de percibir en la entidad estatal en la que trabajaban, como consecuencia de su alegada privación arbitraria de libertad por parte de agentes estatales durante el gobierno cívico militar denominado Proceso de Reorganización Nacional.

La Comisión consideró que el lapso de más de 12 años de duración de los procesos administrativos y judiciales sobrepasó un plazo que pueda considerarse razonable.

Asimismo, concluyó que las autoridades judiciales y administrativas violaron el derecho a contar con una motivación suficiente y adecuada, concluyendo que, al haberse violado dichas garantías del debido proceso, los procesos administrativos y judiciales también implicaron una vulneración del derecho a la protección judicial.

En la citada causa "Eckle" del TEDH, destaca *que "....es el Estado quien incumplió el plazo razonable.......y se constata la existencia de períodos en blanco o de plena pasividad por parte de la autoridad judicial"*.

Lo expuesto precedentemente nos permite afirmar la indiscutible jerarquía constitucional del derecho a ser juzgado en un plazo razonable y consecuentemente, la obligación de los tribunales de velar por su cumplimiento.

Una pregunta inevitable cuya respuesta es discutible, significa preguntarnos, por qué no se aplica el mismo criterio en los juicios de Lesa Humanidad para las víctimas, para los imputados, para las autoridades judiciales y para la sociedad en general. No solo no existen códigos procesales diferenciados, sino que tampoco hay delitos cuya prescripción sea diferenciada y la imprescriptibilidad de algunos no puede operar de manera retroactiva.

Conceptualizar **qué se entiende por plazo razonable** es inevitable. Intentando encontrar una respuesta, podemos inicialmente decir, que la razonabilidad el plazo no se puede medir en días, semanas, meses o años, sino que hay que tomar otras unidades de medida, las que no se relacionan con las ciencias exactas sino con las ciencias sociales. En tal sentido, son "los hechos" los que cobran relevancia, aunque al final se cuantifique en años el período del plazo.

Así las cosas, puede entenderse que el proceso penal comienza el día en que los hechos son conocidos por parte del Estado y se extiende, hasta el fallo que resuelve el fundamento de la acusación, incluyendo la resolución del tribunal de segunda instancia o hasta que la sentencia quede firme. Este fue el criterio aplicado por el TEDH en el caso Neumeister v. Austria, reflejado en la sentencia del 27 de junio de 1968.[68]

A los efectos de precisar el inicio del cómputo del plazo, en un proceso penal como es el caso que nos ocupa, debe entenderse doctrinariamente, desde el momento en que la autoridad toma conocimiento del hecho delictivo. Así lo tiene dicho la CIDH en el caso Tibi vs. Ecuador, del año 2004, el cual duró casi 9 años.[69]

Respecto al inicio del cómputo del plazo, en el Recurso de Hecho Tarnopolsky, Daniel c/ Estado Nacional y otros s/ proceso de conocimiento, el Doctor Eduardo Moliné O´Connor expresó que *"el punto de partida del curso de la prescripción debe ubicarse en el momento a partir del cual la responsabilidad existe y ha nacido la consiguiente acción para hacerla valer. Como regla general, ello acontece cuando sucede el hecho ilícito que origina la responsabilidad"*. [70] Si bien se relaciona con un proceso civil indemnizatorio, marcó claramente al igual que sus pares de la CSJN, cuando comienza a contarse el plazo en el proceso que da origen a determinados actos y reconocimientos jurídicos con incidencias penales y civiles.

68 Escamilla, Avelina Alonso de. La doctrina penal del Tribunal Europeo de Derechos Humanos: Estudio de casos. Universidad de Alcalá de Henares. Reino de España. 1990.

69 Corte Interamericana de Derechos Humanos. Ficha Técnica, Tibi Vs Ecuador. San José de Costa Rica. 2011. https://www.corteidh.or.cr/CF/jurisprudencia2/ficha_tecnica.cfm?nId_Ficha=239

70 Corte Suprema de Justicia de la Nación. Recurso de Hecho. Tarnopolsky, Daniel c/ Estado Nacional y otros s/ proceso de conocimiento. CABA. República Argentina. 31 de agosto de 1999.

También se ha señalado que la razonabilidad del plazo debe apreciarse en relación con la duración total del proceso, desde el primer acto procesal en su sentido más amplio[71], hasta que se dicte sentencia definitiva, incluyendo todas las instancias recursivas que pudieran existir hasta que la sentencia quede firme, incluyendo el agotamiento del cumplimiento de la condena por parte del imputado.

Expresa la Corte Interamericana de Derechos Humanos que *"De acuerdo con el artículo 8.1 de la Convención y como parte del derecho a la justicia, los procesos deben realizarse dentro de un plazo razonable, por lo que, en atención a la necesidad de garantizar los derechos de las personas perjudicadas, una demora prolongada puede llegar a constituir, por sí misma, una violación de las garantías judiciales."*

"Esta Corte recuerda que los cuatro elementos para determinar la razonabilidad del plazo: i) la complejidad del asunto; ii) la actividad procesal del interesado; iii) la conducta de las autoridades judiciales, y iv) la afectación generada por la situación jurídica de la persona involucrada en el proceso". [72]

En sentido a lo expuesto en el párrafo precedente, la complejidad de la causa en los juicios de lesa humanidad, se debe a las dilaciones indebidas que ha generado el Estado Nacional, ya que las demoras provocadas con su comportamiento errático, han ocupado mucho tiempo y como todos sabemos "el peor enemigo de la prueba es el paso del tiempo" o *como expresó la Doctora Catucci, "han quedado oscurecidos por el paso del tiempo".*

En tal sentido, reconstruir hechos que ocurrieron hace 48 años es por demás complicado y engorroso, pero esta situación, no debe afectar derechos y garantías constitucionales de las partes en el proceso penal.

---

71 Si un gobierno sanciona una ley de amnistía o indultos, debe considerarse a este como un acto procesal, aunque no emane de una autoridad judicial propiamente dicha, razón por la cual se ha escrito en "sentido más amplio".

72 Corte Interamericana de Derechos Humanos. Boletín de Jurisprudencia– Plazo Razonable. Costa Rica. Julio 2020. https://jurisprudencia.mpd.gov.ar/Boletines/2020.07.%20Plazo%20razonable.pdf

Los interesados, víctimas, derechohabiente de las víctimas, victimarios y supuestos victimarios, siempre estuvieron a derecho y no buscaron dilatar ni entorpecer la instrucción de la causa. Las víctimas pretendieron impulsar las causas y el Estado lo impidió no dando curso a los pedidos de Habeas Corpus o a través de las leyes de OD, PF e indultos. En tal sentido, los interesados no son responsables de las dilaciones indebidas y obstáculos estales al debido proceso, sino que ha sido el Estado el responsable de no impulsar y obstaculizar el proceso penal. Cabe entonces una vez más recordar a la Doctora Catucci cuando expresó "*....si el principal responsable de la dilación ha sido el desempeño de los diversos órganos de la administración de justicia, no pueden hacerse caer sobre el imputado los costos de lo sucedido.*"[73]

Expresa Genere al referirse a la conducta de las autoridades judiciales: "*En este supuesto son los comportamientos de las autoridades judiciales los que por acción u omisión afectan la prolongación de los juicios, como así también de los procedimientos no judiciales que tengan incidencia sobre ellos. Se trata de casos en los que las autoridades han demostrado desinterés o graves faltas de diligencia, por períodos significativos. Esto sucede cuando, por ejemplo, una investigación es abandonada sin llegar a la identificación y sanción de los responsables; cuando el avance de las causas no es impulsado y permanece paralizado; cuando no es tenida en cuenta la incidencia del paso del tiempo sobre los derechos de los implicados.*"[74]

La conducta de las autoridades judiciales, se ajustó en un 100 % a cumplir con la constitución, las leyes y tratados internacionales, hasta que se anularon los indultos, las leyes de OD, PF y la CSJN cambió radicalmente su anterior postura decretando la

73 Causa "Menem". Contrabando de armas. Plazo razonable. Sobreseimiento. Cámara Federal Criminal y Correccional (CFCC). República Argentina. 2018.

74 Genera, Agustín. El derecho a ser juzgado en un plazo razonable: aspectos constitucionales y convencionales. Revista de Pensamiento Penal. República Argentina. 2018.

http://www.pensamientopenal.com.ar/doctrina/46207-derecho-ser-juzgado-plazo-razonable-aspectos-constitucionales-y-convencionales.

inconstitucionalidad (2005) de las normas señaladas que antes había considerado constitucionales (1987).

La situación jurídica provocada por el Estado Nacional, afectó a todas las partes involucradas, generando un marco de imposible reparación ulterior, despojándolas de los derechos más elementales que otorgan las garantías constitucionales, a las que ya se ha hecho referencia. La mayoría de las víctimas y victimarios, han muerto sin tener acceso a la justicia, tutela judicial efectiva ni debido proceso.

La actitud estatal generó que los hechos fuesen complejos de dilucidar e investigar. En algunos casos hubo problemas en la apreciación y calificación de los hechos, con una jurisprudencia cambiante ajustada al gobierno de turno y una legislación incierta, razón por la cual conseguir las pruebas fue difícil, costoso y de tardía o imposible recolección. Esta situación afectó a las víctimas y a los encartados.

Finalmente es necesario insistir una vez más en que el TEDH ha establecido ciertos criterios para determinar la razonabilidad del plazo dentro de los cuales se encuentran el análisis global del procedimiento, el estudio de las demoras y sus causas, el acto de ponderar los elementos objetivos (periodo de tiempo, número de imputados, número de hechos delictivos) y los elementos subjetivos (conductas de las partes y actividad de las autoridades), para concluir que si en nada han influido las partes involucradas en la demora del proceso penal, es el Estado Nacional quien ha incumplido, produciendo actos propios de la dilación indebida, generando procesos penales alejados de todo criterio de razonabilidad de plazo.

Dilaciones indebidas. El estado nacional, los poderes del estado y los magistrados federales durante los últimos 50 años.

Desde 1970 a la fecha, febrero de 2021, los 3 órganos de poder del Estado Nacional ejercieron su función administrativa, legislativa y judicial conforme determina la Constitución Nacional, incluyendo el ejercicio del poder punitivo, aunque erráticamente, en gobiernos democráticos o de facto, con errores y aciertos, pero lo ejercieron. De hecho, muchas leyes hoy vigentes, fueron promulgadas durante los gobiernos de facto, se siguieron aplicando en los gobiernos democráticos y se siguen aplicando hoy en día.

Los 3 órganos del poder estatal, avalaron tácita o expresamente, con su conducta y mediante normas y resoluciones, desoír los planteos de las víctimas del gobierno de facto y no juzgar los delitos de Lesa Humanidad hasta aproximadamente el año 2006/7, siendo idéntico el comportamiento del Poder Judicial, en particular la Justicia Federal.

Es importante resaltar y reflexionar, que, tanto para los delitos de Lesa Humanidad como para los delitos de Corrupción, los Jueces Federales comenzaron a juzgar a los imputados, cuando estos dejaron sus cargos en el Estado Nacional o Provincial.

Las víctimas tienen que soportar la ausencia de tutela judicial efectiva, del acceso a la justicia y morir sin que los victimarios sean juzgados y condenados, dentro de un contexto de incumpliendo del criterio de plazo razonable.

Los imputados de los tiempos actuales, tampoco tienen que responder por el errático desempeño de los órganos del Estado, cargar con el estado de sospecha, soportar juicios tardíos, embargos, inhibiciones y privaciones de la libertad, a 48 años desde que ocurrieron los hechos durante el siglo pasado.

La actividad procesal de las partes permite constatar que los imputados actuales o futuros siempre estuvieron ajustados a derecho, que las víctimas, buscaron impulsar los procesos y solo el Estado con su comportamiento errático ha generado obstrucción y dilación indebida pese a ser el único responsable de la persecución penal y la única autoridad con poder para aplicar el poder punitivo.

Las autoridades judiciales han generado un período extremamente prolongado entre que ocurrieron los hechos hasta que emitieron o emitirán las sentencias definitivas sin que de los expedientes surja información que así lo justifique, con la excepción de las interrupciones generadas por los órganos del Estado Nacional, que en primer lugar juzgaron, luego paralizaron los procesos, para volver a empezar.

Es de mi entender, que los justiciables, el juicio ya lo tuvieron, aunque con distintas modalidades que las de rito en un debate oral, pero lo tuvieron.

Fue la sociedad toda, la que a través de sus representantes en los distintos órganos de gobierno los juzgó y ello fue expresado de diferentes formas, a través de las leyes de Obediencia Debida, Punto Final y los indultos. Todas ellas, reflejaban el sentir popular expresado a través de sus autoridades del PEN, los diputados y senadores en el Congreso de la Nación Argentina, ratificada su constitucionalidad en 1987 por la Corte Suprema de Justicia de la Nación[75] y aplicada por los Jueces Federales argentinos con control de constitucionalidad y convencionalidad.

Cabe señalar que la ley de Obediencia Debida no fue una ley de amnistía, sino que precisó *"el alcance de la persecución penal"*, el cual debía circunscribirse a los jefes y exceptuarse al personal que cumplió órdenes en razón de la propia naturaleza particular de los organismos a los que pertenecían, puesto que los jefes ya habían sido juzgados y estaban cumpliendo condenas de cumplimiento efectivo o estaban siendo juzgados.

---

75 En 1987, la Corte Suprema de Justicia de la Nación, compuesta por cinco miembros, resolvió que las leyes de Obediencia Debida y Punto Final, eran constitucionales. Por la validez de las leyes se pronunciaron los Doctores Carlos Santiago Fayt, Augusto Cesar Belluscio, Enrique Santiago Petracchi y José Severo Caballero mientras que el Doctor Jorge Bacqué votó en contra.

La demora judicial y las graves deficiencias de las autoridades del Estado Nacional y Magistrados de la Justicia Federal que han intervenido, para encauzar y llevar adelante la investigación, falla, se abstiene, genera períodos en blanco, actúa, demora, condena, encarcela, amnistía, indulta, anula leyes penales y aplica otras con efecto retroactivo, desconoce el valor legal de la cosa juzgada y el principio de los derechos adquiridos, vuelve a perseguir penalmente y por estas causas, responden las víctimas y los imputados haciéndoles de la vida, una verdadera pena y porque no, una tortura.

Paralelamente, pese a que, durante el juicio a las juntas militares del gobierno militar, el tribunal que las juzgó, determinó que se trataba de una guerra revolucionaria, para los terroristas revolucionarios en la sentencia del caso Lariz Iriondo [76], según Raúl Eugenio Zaffaroni, resultaba imposible reabrir las causas al respecto por ausencia de norma penal explícita y falta de antecedentes en el derecho consuetudinario.

Pero en el mismo año 2005, ya en el caso Simón, la CSJN por mayoría, decretó la aplicación retroactiva de la ley penal, al considerar que, pese a que, a la fecha de los hechos, no habían sido ratificados los tratados incorporados con rango constitucional, a los que adhirió Argentina en 2003, la base de la imprescriptibilidad era la vigencia de normas penales incorporadas por el derecho consuetudinario internacional. [77]

Este es el cuadro de situación jurídica, cuanto menos contradictorio, que se presenta en innumerables dilaciones indebidas producidas por el Estado Nacional.

Respecto a lo señalado en los párrafos precedentes, no resulta un hecho casual ni llamativo, que el Juez Federal Walter López Da Silva, a cargo del Juzgado Federal Nro 1 de Bahía Blanca, en una de sus resoluciones, haya escrito *"farragoso desarrollo*

---

76 Corte Suprema de Justicia de la Nación. Lariz Iriondo, Jesús María s/ solicitud de extradición. República Argentina. 2005.

77 La única disidencia fue del Doctor Carlos Santiago Fayt, quien en su voto afirmó que constitucionalmente, según el artículo 27 de la CN, la imprescriptibilidad de los delitos de lesa humanidad tiene vigencia para los hechos posteriores a la incorporación de ese tratado.

procesal evidenciado a lo largo de la presente" [78], siendo que el término empleado es un adjetivo que indica que es poco claro e incluye cosas o ideas superfluas y desordenadas que lo hacen confuso y superfluo.

Es doctrina conocida, que los magistrados federales son los responsables de resolver las situaciones que se les presenten y conjuntamente con el acto específico de resolver conforme a la ley vigente, tienen la obligación de efectuar el control de constitucionalidad y convencionalidad que encuadra la situación y les permite fundamentar el resolutorio. Esto han hecho sobre los casos de Lesa Humanidad durante muchos años y cuando resolvieron no impulsar las causas penales, lo hicieron en un todo de acuerdo con la legislación penal vigente.

Escribe la Doctora Silvia Marcotullio en su libro *"Juicios de Lesa Humanidad"*, que *"José Gabriel Galán se pregunta qué reproche le cabe a cada uno de los integrantes de los tres poderes de Estado entre 1985 y 2003, por haber instado y convalidado durante largo tiempo, leyes y decretos de indultos (y más de veinte fallos de la Corte Suprema) que, según se afirma ahora adolecen de nulidad absoluta, es decir carecieron de validez todo momento y lugar. Siguiendo la idea de que esas leyes 23.492 y 23.521 no tuvieron justificación alguna y por eso son nulas de nulidad absoluta, los poderes Ejecutivo, Legislativo y Judicial que las promulgaron y las hicieron cumplir (período 1985-2002), según razona Galán con lógica, OMITIERON INVESTIGAR OFICIOSAMENTE LOS CRÍMENES DEL ESTADO DEL PERÍODO 1976/83, por lo cual "deberían ser enjuiciados por encubrimiento y/o traición a la patria y/o incumplimiento de los deberes del funcionario público y/o denegación de justicia; pero además, por tratarse los delitos encubiertos de LESA HUMANIDAD también lo serían los hechos de sus encubridores"* [79]

78 Juzgado Federal Nro 1 de Bahía Blanca. Expediente Nro FBB 15000005/2007 - Sec. DDHH. Caratulada: "Abelleira, Héctor Jorge y Otros S/ Privación Ilegal Libertad Pers. (Art. 142 Bis Inc. 5), Tortura, Homicidio Agravado P/ El Conc. De Dos O Más Personas y Asociación Ilícita. Víctima: Aberasturi, Mirna Edith Y Otros"

79 Marcotullio, Silvia. Juicios de Lesa Humanidad. ¿solo prevaricato de los jueces o comisión de delitos de lesa humanidad por los tres poderes? Página 14. Graficop. Provincia de Córdoba. República Argentina. 2015.

Resulta oportuno recordar que el art. 18 de la Constitución Nacional impone la existencia de un proceso penal como condición previa ineludible para el dictado de una sentencia condenatoria, al establecer que: "*... nadie podrá ser penado sin juicio previo, fundado en ley anterior al hecho del proceso...*"; debiendo destacarse que no *cualquier "juicio previo"* satisface aquella garantía.

Teniendo en cuenta lo expuesto precedentemente, el proceso penal debe ser tramitado en un plazo razonable, criterio que, si bien no es privativo de lo penal, no caben dudas que adquiere mayor relevancia en razón del respeto que merece el ser humano sospechado, por cuanto a este le cabe el derecho de poner fin a la desconfianza social hacia su persona por la comisión de un delito y finalizar para siempre con la incertidumbre y la privación de la libertad en el caso de que la hubiere.

En el fallo de abril de 2021, conocido como "Dólar Futuro", en el punto 7. Colofón, la Sala I de la Cámara Federal de Casación Penal dijo que *"El Poder Judicial en todo Estado de Derecho tiene la obligación constitucional y de derecho interno de entender y poner fin a contiendas, como en el presente caso sometido a control jurisdiccional, que se han mantenido a través del tiempo, produciendo incertidumbre entre los justiciables y creando desconcierto entre la comunidad jurídica, cuando ante la atipicidad de un delito denunciado, se persiste en continuar sometido a proceso a personas con la imposición de medidas cautelares que dañan su vida, patrimonio y honor. La vigencia de la Constitución Nacional, la igualdad ante la ley, el respeto al debido proceso y su resolución en tiempo oportuno, son los pilares que sostienen a toda sociedad democrática y consolidan la credibilidad de la justicia."*[80]

La Corte también tiene dicho: *"Que cabe recordar que este principio no sólo es un corolario del derecho de defensa en juicio (art. 18 de la Constitución Nacional -derivado del "speedy trial" de la enmienda VI de la Constitución de los Estados Unidos de Norteamérica-), sino que se encuentra también previsto expresamente en los Tratados Internacionales incorporados a la Constitución Nacional (art. 8.1*

80 Cámara Federal de Casación Penal. Sala I. Causa Nº CFP 12152/2015/TO1/55/CFC7 "Vanoli Long Biocca, Alejandro y otros s/ recurso de casación" de fecha 13 de abril de 2021.

de la Convención Americana sobre Derechos Humanos y art. 14.3 del Pacto Internacional de Derechos Civiles y Políticos, en función del art. 75 inc. 22 de la Constitución Nacional)." (Conf. CSJN, "Oliva Gerli", Corte Suprema de Justicia de la Nación, Fallos 333:1987, 19/10/2010, considerando 8°) y Conf. 18 Const. Nacional, 8.1 de la Convención Americana sobre Derechos Humanos y 14.3, inc. "c" del Pacto Internacional de Derechos Civiles y Políticos".[81]

Tomada la decisión de juzgar, aunque el caso sea complejo, si el trámite del proceso no fue lo suficientemente ágil, el Estado debe responder por ello, de conformidad con la doctrina del caso *"König"* del TEDH -sentencia del 26/06/1978-, citada por el superior en Fallos: 332:2159, voto del Juez Ricardo Luis Lorenzetti, en los que el Estado ha demorado el juzgamiento un tiempo que supera ampliamente el término establecido por la Corte Interamericana de Derechos Humanos en el caso *"Genie Lacayo vs. Nicaragua"*.

El criterio de la complejidad del caso, implica que se debe compatibilizar la conducta del Estado y las disposiciones de las convenciones suscriptas por la nación. Es decir, que son los magistrados del órgano judicial los que practican el control de convencionalidad, quienes deben explorar las circunstancias de iure y de facto de cada caso, pero en ningún caso, ampararse en la complejidad para demorar, retardar el juzgamiento indefinidamente, manteniendo indefinidamente privados de libertad a los imputados y sin brindar respuesta a las víctimas.

Por lo expuesto, la conducta de las autoridades judiciales, según la Corte Interamericana, debe entenderse como un deber de los magistrados, la de dirigir y encauzar el procedimiento judicial con el fin de no sacrificar la justicia y el debido proceso legal en pro del formalismo o la impunidad, en un todo de acuerdo con los convenios y tratados internacionales.

Resulta pertinente señalar que la sujeción a los fallos de la Corte Interamericana de Derechos Humanos respecto del acatamiento

---

81 Gouvert, Juan Fernando. La insubsistencia de la acción ante la irrazonable duración del proceso penal. Revista de Pensamiento Penal. República Argentina. 2017.
http://www.pensamientopenal.com.ar/doctrina/44782-insubsistencia-accion-ante-irrazonable-duracion-del-proceso-penal

de los tratados y convenciones internacionales, tienen el efecto de una recomendación, porque si en Argentina, en algunos casos no es estrictamente obligatorio alinearse con la jurisprudencia de nuestra propia Corte Suprema de Justicia, mucho menos lo es la de un tribunal internacional, que no tiene autoridad para hacerla cumplir imperativamente.

Asimismo, para el caso de que los magistrados federales permitan y toleren la inconstitucionalidad y la inconvencionalidad de las normas, así como el uso de recursos judiciales con efectos dilatorios, son ellos quienes transforman la situación en un medio para que los que cometieron un ilícito penal, no rindan cuentas ante la sociedad en el entorno de un proceso judicial, generando así, impunidad dentro de un contexto de plazo irrazonable e impidiendo que las victimas tengan acceso a la justicia ni encuentren la tutela judicial efectiva de la que tanto se ha escrito y hablado.

Para el caso de Lesa Humanidad como para todos los casos que así lo ameritan, no es justificable el argumento de que existían normas legales que le impedían impulsar el proceso penal, porque ellos y solo ellos, los magistrados, son los que realizaban el control de tipo difuso[82] que impera en nuestro país, referido al control de constitucionalidad y convencionalidad y podrían haber declarado inconstitucionales las leyes de Obediencia Debida, Punto Final e impulsar procesos penales, pero "no lo hicieron". A mi juicio actuaron de esa forma, porque eran absolutamente conscientes que esas leyes reflejaban el sentir del pueblo argentino, expresado a través de sus representantes en el Congreso de la Nación Argentina, avalada su constitucionalidad por la Corte Suprema de Justicia.

Cono se señaló anteriormente, *"La Corte Interamericana ha señalado como un deber de los jueces el dirigir y encauzar el*

82 Existen 3 tipos de control judicial, del cual se encargan los tribunales del Poder Judicial y estos son el D*ifuso por el cual* cualquier juez puede realizar la verificación de constitucionalidad, el *Concentrado que implica* que el Control Constitucional será ejercido por un Tribunal específico que cumple dicha función, para lo cual es necesario la existencia de una acción de inconstitucionalidad y el *Mixto que resulta de una mezcla de* las ideas del sistema difuso y del concentrado.

procedimiento judicial con el fin de no sacrificar la justicia y el debido proceso legal en pro de formalismo y la impunidad," es por ello que no resultan admisibles los intentos de justificar la tardanza de los Tribunales Federales en aplicar el poder punitivo.

En el caso de que los jueces permitan, justifiquen y toleren el uso de recursos judiciales y normas contrarias a la constitución y las convenciones internacionales, con efectos dilatorios y garanticen la impunidad, son ellos los que los transforman en un medio para que los que cometen un ilícito penal, dilaten, retarden y entorpezcan el proceso judicial y las víctimas nunca tengan acceso a la justicia. Así las cosas, el Estado Nacional debe responder por estos actos habida cuenta que es la única autoridad con capacidad punible.

La garantía de plazo razonable no es una simple ecuación entre volumen de litigios, número de tribunales, normativa, jurisprudencia, leyes cambiantes, equipos, materiales y personal disponible, sino una garantía constitucional de referencia individual para el magistrado juzgador la que debe aplicar al caso concreto.

El errático cumplimiento de la obligación de persecución penal por parte del Estado Nacional dentro de un contexto de plazo no razonable, no debe violar los derechos humanos de las víctimas ni de los imputados, más aún si hablamos de hechos que ocurrieron hace 48 años, durante el siglo pasado.

La posición actual de la corte suprema de justicia de la nación argentina

La Corte Suprema actual (CSJN), fijó su posición respecto de la prescripción de la acción penal en los juicios de LH, en los considerandos de los fallos Arancibia Clavel (327:3312), Simón (328:2056), Mazzeo (330:3248), Batalla (341:1768), Alespeiti, Felipe Jorge s/ incidente de recurso extraordinario (340:493), en el caratulado Videla, Jorge Rafael y otros s/ recurso extraordinario (375/2013) y otros fallos.

A los efectos de expresar la mencionada posición, transcribo algunos párrafos del fallo 375/2013 [83], los que la explican claramente y sobre los cuales se efectuarán algunas reflexiones, no sin antes expresar, que la posición de la corte se relaciona más con la filosofía del derecho que con el cumplimiento de la ley. En ella, con mayor o menor preponderancia, se reflejan tres corrientes de pensamiento penal, la punitivista, la interpretativista y la garantista, predominando las dos primeras, siempre direccionadas de manera de ajustar el derecho a los intereses políticos del momento. Felizmente, no todos sus integrantes resuelven con iguales fundamentos.

Resulta también oportuno expresar, que la jurisprudencia señera del alto tribunal, no puede estar sujeta a los avatares de la integración del mismo, porque no resulta procedente, que intente salvar la ruptura con los fallos precedentes de sus antecesores, con solo aclarar previamente *"esta Corte con su actual composición ..."*. Ello no es muestra de congruencia consigo misma, ni ofrece un marco de seguridad jurídica que visibilice la sociedad y la comunidad internacional.

83 Videla, Jorge Rafael y otros s/ recurso extraordinario (375/2013). Sentencia del 10 de abril de 2018. República Argentina. 2018. http://www.saij.gob.ar/corte-suprema-justicia-nacion-federal-ciudad-autonoma-buenos-aires-videla-jorge-rafael-otros-recurso-extraordinario-fa18000027-2018-04-10/123456789-720-0008-1ots-eupmocsollaf?#

El contenido del fallo que se toma como ejemplo, está en sintonía con los otros que han sido señalados. El mismo posee un marcado acento en la pérdida de los derechos de los imputados, sin valorar acabadamente el derecho de las víctimas, las que al día de hoy en su gran mayoría han fallecido por una cuestión etaria. Tampoco refleja que el interés de la sociedad actual sea similar al de aquella de la década del 70.

Dijo la corte que: *"La prescripción de la acción penal puede entenderse como una herramienta para evitar la indefinición sine die en el juzgamiento de un hecho y liberar a su autor de una eventual condena, o bien puede concebirse como un recurso ligado al interés de la sociedad por conocer la verdad de los hechos delictivos y castigar a sus responsables"*[84]

Cabe recordar que la prescripción no es una herramienta sino un derecho consagrado en la Constitución, el Código Penal y el Código Civil y Comercial en vigencia desde agosto de 2015.

La prescripción es un instituto jurídico por el cual el transcurso del tiempo produce el efecto de consolidar situaciones de hecho, siendo esta su finalidad. Vale recordar entonces, que las situaciones de hecho son la consolidación de derechos o la consolidación de la pérdida de los mismos.

El instituto de la prescripción de la acción penal, está estrechamente ligado al principio de la legalidad, razón por la cual no es susceptible de aplicación una ley ex post facto, que altere su operatividad en perjuicio del imputado, criterio que ha constituido doctrina invariable en la jurisprudencia de la CSJN.[85]

En el caso *"Mirás"* (Fallo: 287:76) la corte señaló expresamente que tal principio alcanza también a la prescripción de la acción penal. Se dijo en esa ocasión: *"el instituto de la prescripción cabe sin duda alguna en el concepto de la ley penal, desde que ésta comprende no solo el precepto, la sanción, la noción del delito y la culpabilidad,*

84 CSJ *375/2013* (49-V). Videla, Jorge Rafael y otros s/ recurso extraordinario. Sentencia del 10 de abril de 2018.

85 Corte Suprema de Justicia de la Nación. Secretaría de Jurisprudencia. Delitos de Lesa Humanidad. Página 158. 1ra Edición. Buenos Aires. República Argentina. 2009.

sino todo el complejo de las disposiciones ordenadoras del régimen de extinción de la pretensión punitiva".

Si bien existe una excepción a la prescripción de la acción y de la pena que permite la persecución de determinados crímenes penales cualquiera que sea la fecha en la que se han cometido, en consonancia con lo previsto en la Convención Sobre la Imprescriptibilidad de los Crímenes de Guerra y de los Crímenes Contra la Humanidad del 26 de noviembre de 1968, cabe aclarar que Argentina la convirtió en ley Nro. 24.584 del Congreso de la Nación el 24 de noviembre 1995, fue promulgada en el mismo mes y año y depositado su instrumento de ratificación 8 años después, el 26 de agosto de 2003. Fue elevada a rango constitucional el 02 de septiembre de 2003 por ley Nro. 25.778. Por lo expuesto no debería ser aplicable retroactivamente por su contenido penal, para hechos producidos en la década del '70.

En síntesis, la convención de marras, fue ratificada y adquirió jerarquía constitucional con posterioridad a los hechos que hoy se juzgan y el tiempo transcurrido entre la ley 24.584 y la ley 25.778, ocho años, es demostrativo de que al promulgarse la primera no había intención de darle carácter retroactivo al tratado internacional que se ratificaba, intención que sí cambió en 2003, ya que al mismo tiempo que se sancionaba la ley 25.778 el 20 de agosto de 2003, también al día siguiente se sancionaba la ley 25.779, que anulaba las leyes 23.492 y 23.521.

La deliberada y premeditada discriminación se evidenció en la celeridad con que se produjeron los hechos que van desde la promulgación de la ley 25.778 en el año 2003 hasta el fallo Simón, demostrativos de la acción concertada de los tres poderes, impulsando acciones que con anterioridad a esa fecha, los mismos tres poderes habían obstaculizado, retardado, impedido, suspendido o interrumpido.

El fundamento de la inaplicabilidad retroactiva de esta convención (CICGLH) se encuentra regulado en las especiales condiciones que los constituyentes fijaron en la reforma constitucional de 1994 para que los tratados que menciona, tengan alcance constitucional.

En efecto, el artículo 75, inciso 22 de nuestra constitución expresa respecto de los tratados y concordatos que estos *"no derogan artículo alguno de la primera parte de esta Constitución y deben entenderse complementarios de los derechos y garantías por ella reconocidos"* , lo cual denota el pleno conocimiento de los constituyentes sobre la imposibilidad de aplicar retroactivamente la ley penal y consagrar una vez más el principio de legalidad contenido en el artículo 18 que se encuentra en la primera parte de la Constitución.[86]

Por lo expuesto, los tratados, convenciones y concordatos, configuran normas constitucionales de segundo rango, que prevalecen por sobre las leyes ordinarias pero que son válidas únicamente en la medida en que no afecten los derechos consagrados en la primera parte de la Constitución Nacional, tal como en su momento sostuvo el Doctor Augusto Cesar Bellucio en el fallo 321:885.

Si pese a lo señalado, se argumentase que la Convención de Viena convertida en ley en el año 1972, obliga a la República Argentina a cumplir con los tratados internacionales por sobre el ordenamiento legal interno, la sana crítica nos permite inferir que los constituyentes de 1994 sabían de ello y haciendo uso del soberano poder constituyente, decidieron expresar la excepción señalada en el inciso 22 del artículo 75, apuntando directamente a la inoperatividad del artículo 53 de la Convención de Viena[87] para no aplicar retroactivamente la ley penal o restaurar una acción penal extinguida, cuando a la luz del artículo 62 del Código Penal, la acción ya hubiese estado prescripta.

---

86 La primera parte de la Constitución Nacional, comprende hasta el artículo 43 inclusive.

87 Artículo 53. Tratados que estén en oposición con una norma imperativa de derecho internacional general (jus cogens). Es nulo todo tratado que, en el momento de su celebración, esté en oposición con una norma imperativa de derecho internacional general. Para los efectos de la presente Convención, una norma imperativa de derecho internacional general es una norma aceptada y reconocida por la comunidad internacional de Estados en su conjunto como norma que no admite acuerdo en contrario y que sólo puede ser modificada por una norma ulterior de derecho internacional general que tenga el mismo carácter.

En el libro El Pacto se lee: "*El tema de la prescripción que operaba sobre todos los delitos cometidos en los años '70 no era nuevo: había sido ya tratado en la Convención Constituyente de 1994. Esta Convención, que dio jerarquía constitucional a los tratados internacionales de DDHH, rechazó en sesión plenaria una moción de la convencional María Lucero, que proponía incorporar al texto del art. 75 inciso 22, a continuación del segundo párrafo, lo siguiente: "En relación a los tratados internacionales de derechos humanos, los delitos de lesa humanidad no podrán ser objeto de indulto, conmutación de penas ni amnistía. Las acciones a su respecto serán imprescriptibles*".

"*El rechazo por el plenario de la Convención de tal propuesta configura una interpretación auténtica ejercida por quienes sancionaron las reformas de 1994*".

"*Con arreglo al criterio fijado por dicha Convención, está muy claro que todos los delitos ahora calificados como de "lesa humanidad" son –lo eran para nuestra Constitución al momento de la reforma de 1994- prescriptibles, habiendo transcurrido ya el tiempo fijado por la ley para impedir que fueran nuevamente juzgados*".[88]

Resulta oportuno e imprescindible recordar, que Argentina es un Estado[89] y que el concepto de Estado está ligado indisolublemente al de soberanía. No hay Estado sin soberanía. Argentina es un Estado Soberano y actúa como tal, razón por la cual no se pueden desconocer las decisiones soberanas de los convencionales del 94, ni subordinar la ley nacional a los tratados y convenciones internacionales porque, una vez más, son complementarios del ordenamiento interno.

Los legisladores que aprobaron el Pacto Interamericano de Derecho Civiles y Políticos, formularon la reserva respecto del apartado segundo del artículo 15, mediante la ley 23.313 del 17 de abril de 1986 porque impedía garantizar los derechos que la constitución enuncia en el artículo 18. Asimismo, los constituyentes del año 1994 que reformaron la Constitución Nacional redactando el

88 Justicia y Concordia. El Pacto. 2020. https://elpacto.com.ar/

89 Comunidad social con una organización política común y un territorio y órganos de gobierno propios que es soberana e independiente políticamente de otras comunidades.

artículo 75 inciso 22, como así también los diputados y senadores que aprobaron la incorporación de la CICGLH, eran personas doctas que sabían que el acto que estaban realizando era un acto plenamente soberano y que debían continuar garantizando los derechos de los habitantes.

En el Senado de la Nación, durante el debate previo a la sanción de la ley 25.778, el senador Baglini, en opinión compartida por los senadores Usandizaga, Maestro, Salvatori, Prades y Gómez Díez, expresó que: *"Nuestra Carta Magna tiene una primera parte dogmática que ni siquiera fue tocada por la reforma constitucional de 1994, donde existe una piedra angular, que no es sólo de nuestra Constitución sino del derecho internacional, el de todos los países, que es el art. 18, por el que se establecen principios fundamentales que son la garantía común de todos, aun de los ciudadanos que sin merecer el título de tal negaron a algunos el ejercicio de sus derechos...En esta norma está contenido el principio de legalidad. No hay condena sin ley previa al hecho del proceso. Allí está el principio de irretroactividad en materia penal —seguramente lo volvamos a mencionar cuando tratemos la siguiente iniciativa—, el principio de los jueces naturales y el de la cosa juzgada. Sobre estas cuatro piedras angulares se arma la legislación penal no sólo de la Argentina sino de todo estado democrático". Y después de destacar que "el art. 27 de nuestra Carta Magna señala con toda claridad que cualquier tratado que celebre la Nación tiene que ser conforme a los principios de derecho público que la propia Constitución establece".* Concluyó en que debía quedar *"claramente establecido y entendido que la modificación que pretende la Convención sobre Imprescriptibilidad de los Crímenes de Guerra es inconstitucional. Solamente puede regir con relación a los hechos que hubieren tenido lugar a partir del establecimiento de la Convención. De lo contrario, se va a generar una enorme confusión en el campo jurídico y, paradojalmente, se va a producir el efecto contrario al deseado".* [90]

La objeción fue desoída y no se la incorporó de manera expresa a la ley, de modo que si bien es correcto afirmar que el texto legal no dice expresamente que están comprendidos dentro de ese

90 Marcotullio, Silvia. Juicios de Lesa Humanidad. 2.1) La Constitucionalización del Tratado. Página 08. Graficop. Provincia de Córdoba. República Argentina. 2015.

contexto los hechos que tuvieron lugar con anterioridad a la ley, el silencio de la norma sobre lo que pretendían incluir los senadores mencionados, dejó la puerta abierta para que se interpretase en sentido contrario.

Resulta indubitable que el principio de irretroactividad de la ley penal se vería afectado, si se pretendiese que un tratado posterior al cumplimiento del plazo de prescripción establecido por ley anterior, pudiera eliminar los efectos de la ya cumplida, restaurando una acción penal extinguida, situación ésta, que no puede ser derogada ni alterada por un tratado.

Cabe tambi*én expresar que* el artículo 4to de la CICGLH señala que los Estados Partes *"se comprometen a adoptar, con arreglo a sus respectivos procedimientos constitucionales, las medidas legislativas o de otra índole que fueran necesarias para que la prescripción de la acción penal o de la pena, establecida por ley o de otro modo, no se aplique a los crímenes mencionados en los arts. I y II de la presente Convención y, en caso de que exista, sea abolida"*.

En el sentido de lo expresado en el párrafo anterior, podemos inferir que estas formulaciones no resultan una imposición categórica respecto de la aplicación retroactiva de la convención, sino que son el reconocimiento expreso, de la existencia de un derecho vigente anterior a la convención que requiere ser revisado de manera que el ordenamiento jurídico interno establezca una prescripción diferenciada, la que a la luz de la irretroactividad de la ley penal, regirá a partir de que se convierta en ley, situación esta, que en Argentina, a la fecha aún no ha ocurrido.

Este compromiso surgió debido a que la aplicación de las normas de derecho interno relativas a la prescripción de los delitos ordinarios, en general o sin discriminar para los crímenes de guerra y de lesa humanidad, impidió el enjuiciamiento y castigo de las personas responsables de haberlos cometido. Pero también reconoce, que la convención impide introducir una condición de punibilidad que no se haya fijado de antemano en la normativa vigente al momento de la comisión de los hechos, de conformidad con la cual, la acción penal se hallaba sujeta a la prescripción.

Por causa de lo expuesto, la imprescriptibilidad añadida por la convención aprobada por la ley 24.584 y dotada de jerarquía constitucional por la ley 25.778 constituye un agregado que modifica ex post facto la ley penal vigente, pero no vigente al momento de la comisión de los hechos, razón por la cual mantienen plena vigencia las normas existentes al momento de los hechos.

Los criterios penales de los dos párrafos precedentes, son los que, al día de hoy, año 2021, sustentan las autoridades judiciales del Reino de España cuando analizan la vigencia temporal de la ley penal, siendo este el motivo por el cual rechazan pedidos de extradición de personas imputadas en Argentina residentes en ese país, como lo es el caso de Jorge Pedro Rodolfo Wagner.

"La defensa de Wagner recoge varios autos de la Audiencia Nacional de este procedimiento en los que se argumentaba su rechazo a la entrega de González Pacheco, bien porque están prescritos o porque cuando sucedieron presuntamente los hechos la legislación española no tenía tipificados los delitos por los que se le reclama".

"Queda claro que nuestros tribunales (españoles) vienen reconociendo la imposibilidad de acceder a la extradición solicitada cuando, con base a la normativa española la responsabilidad penal del reclamado se ha extinguido al estar prescritos los hechos."[91]

La referencia de la CSJN al *"interés de la sociedad"* reviste las características propias de las expresiones de naturaleza difusa, cuyo origen es cuanto menos incierto o dudoso, habida cuenta que no se ha obtenido de fuentes naturales, como podrían ser una consulta pública previa o sondeo realizado, en simultáneo, con los censos o elecciones nacionales. En los considerandos de los fallos de la CSJN, no se deja constancia de dónde o cómo se determina ese interés, es decir que no se sabe cómo se genera ese criterio, infiriendo que es la opinión del ministro preopinante y no de la sociedad como se pretende hacer creer.

Continúa expresando la corte que: *"Cuando delitos tales como el asesinato, la privación ilegal de la libertad, la tortura y la desaparición*

91 El Español. Usó el caso Billy el Niño para quedarse en España. 2017. https://www.elespanol.com/espana/politica/20170117/186732279_0.html

forzada de personas, entre otros, son cometidos como parte de un ataque generalizado o sistemático contra la población civil en el marco de una política de Estado, configuran crímenes de lesa humanidad (Estatuto de Roma de la Corte Penal Internacional, art. 7; Estatuto del Tribunal Militar Internacional de Nüremberg, arto 6.c.); y entonces, ante este tipo de crímenes, resulta inexorable que predomine el interés social por conocer la verdad y sancionar a sus responsables, por sobre cualquier interés individual por liberarse de la persecución penal".

El Estatuto de Roma de la Corte Penal Internacional fue ratificado por nuestro país el 16 de enero de 2001 y mediante la ley 26.200 del 05 de enero del año 2007 se dispuso su implementación. En relación con las fechas, el estatuto que es de neto contenido penal, no se puede aplicar a los hechos ocurridos en la década del '70 porque sería violatorio del principio de irretroactividad de la ley y del artículo 18 de la Constitución Nacional que expresa que *"Ningún habitante de la Nación puede ser penado sin juicio previo fundado en ley anterior al hecho del proceso, (...) Es inviolable la defensa en juicio de la persona y de los derechos".*

Asimismo, el propio Estatuto de Roma expresa en su artículo 11, referido a la competencia temporal de la corte, que *"La Corte tendrá competencia únicamente respecto de crímenes cometidos después de la entrada en vigor del presente Estatuto"*, existiendo a la fecha, jurisprudencia abundante donde consta el rechazo de presentaciones efectuadas por abogados defensores de personas imputadas por delitos de LH, por referirse a hechos anteriores a la entrada en vigor, razón por la cual, la referencia a este Estatuto en un fallo de 2018 para condenar hechos que ocurrieron en la década del '70, resulta extemporáneo y violatorio de la misma letra del Estatuto de Roma, poniendo en crisis la buena fe de lo señalado, habida cuenta el alto grado de capacitación existente en los magistrados y funcionarios de la corte.

Si la Corte Penal Internacional no aplica su estatuto para hechos ocurridos con anterioridad al año 2002, mucho menos puede hacerlo la CSJN, porque carece de jurisdicción[92] para ello y además, resulta improcedente.

---

92 El concepto de jurisdicción implica disponer de autoridad o poder para juzgar y aplicar las leyes. En otros términos, significa ejercicio del poder punitivo dentro de un espacio geográfico determinado y a partir de un momento preciso.

A los efectos de destacar la importancia de la imposibilidad de aplicar el Estatuto de Roma en los juicios de Lesa Humanidad, pongo como ejemplo la siguiente situación: en mayo de 2012 el Licenciado en Ciencias Políticas Carlos Ernesto Expedito Viana y el abogado Juan Carlos De Marco denuncian crímenes de guerra británicos supuestamente cometidos durante el conflicto armado con el Reino Unido de Gran Bretaña ante la Corte Internacional de Justicia ubicada en la ciudad de La Haya, los que a juicio de los denunciantes son por sus características Crímenes de Guerra y por su esencia de Lesa Humanidad[93] recibiendo por contestación de la corte, en parte, lo siguiente: *"Como es de su conocimiento, la Corte Internacional de Justicia, se rige por el Estatuto de Roma, el cual confía a la corte una jurisdicción muy específica y cuidadosamente definida sobre los crímenes cometidos después de la entrada en vigor del Estatuto de Roma a partir del 1 de julio de 2002". "Sobre la base de la información disponible, las conductas descriptas en su demanda han ocurrido con anterioridad al 1 de julio de 2002. En consecuencia, ya que el asunto parece quedar fuera de la jurisdicción del tribunal, el fiscal ha confirmado que no hay sustento en este momento para proceder a nuevos análisis".*[94]

Conforme a lo señalado precedentemente, como jurisprudencia de la Corte Penal Internacional, si hechos ocurridos en 1982 están fuera de su jurisdicción, los ocurridos en la década del '70, también lo están, razón por la cual hacer referencia en este fallo al Estatuto de Roma por parte de la CSJN, significa no ajustarse al debido procedimiento judicial.

Respecto al Estatuto del Tribunal Militar Internacional de Nüremberg, artículo 6, inciso c), si bien el contenido del mismo respecto de los señalado es similar a lo indicado para Lesa Humanidad, es importante dejar constancia, que en 1945 el tipo delictivo de LH, tal y como hoy lo

93 Tipificación difícil de sostener porque requiere probar que fue un ataque, que fue sistemático y generalizado, que estuvo dirigido contra la población civil y que se efectuó con conocimiento de dicho ataque. Esto es resultado de la liviandad con que en Argentina se hace uso del crimen de lesa humanidad sin siquiera constatar los componentes esenciales que configuran ese tipo penal.

94 Respuesta oficial de la Corte Internacional de Justicia, facilitada por el Abogado Juan Carlos De Marco al suscripto.

conocemos no existía. Vale recordar una vez más, que para Argentina entró en vigencia en el año 2003.

La expresión "*interés social*" a la que hace referencia la CSJN, posee la misma connotación señalada para el "*interés de la sociedad*", es decir que reviste las características propias de las expresiones de naturaleza difusa, cuyo origen es cuanto menos incierto o dudoso y no se aclara a qué sociedad se refiere, si la actual o la de la década del 70.

Agrega la corte: "*Que cabe recordar que la persistencia de la utilidad del reproche penal en este tipo de crímenes fue examinada por esta Corte en ocasión de pronunciarse en la causa "Arancibia Clavel", cuando se sostuvo que "...el fundamento de la imprescriptibilidad de las acciones emerge ante todo de que los crímenes contra la humanidad son generalmente practicados por las mismas agencias de poder punitivo operando fuera del control del derecho penal, es decir, huyendo al control y a la contención jurídica. Las desapariciones forzadas de personas en nuestro país las cometieron fuerzas de seguridad o fuerzas armadas operando en función judicial; los peores crímenes nazis los cometió la Gestapo ([Geheimnis] Staa tspolizei o policía secreta del Estado); la KGB estalinista era un cuerpo policial. No es muy razonable la pretensión de legitimar el poder genocida mediante un ejercicio limitado del mismo poder con supuesto efecto preventivo. Por ello, no puede sostenerse razonablemente que sea menester garantizar la extinción de la acción penal por el paso del tiempo en crímenes de esta naturaleza*" (Fallos: 327:3312, considerando 23).

Si bien es cierto que en algunas ocasiones los crímenes contra la humanidad son perpetrados por las mismas agencias del poder punitivo, lo primero que hay que preguntarse es dónde estaba el Poder Judicial para poner un contrapeso a dichos actos, teniendo en cuenta que en otros países, los mecanismos judiciales han funcionado en mayor o menor medida y sin dilaciones, independientemente de que los responsables fueran fuerzas armadas regulares o grupos armados irregulares: por ejemplo, el ISIS en Siria, los hutus y tutsis en el genocidio en Ruanda[95] o los

95 El gobierno ruandés fue el primero, en 1994, en pedir al Consejo de Seguridad que estableciera un tribunal internacional ad hoc – porque

grupos políticos armados que operaron en el conocido crimen del Apartheid en Sudáfrica.[96] Recordemos que en pleno conflicto de la ex Yugoslavia[97], en 1993 el Consejo de Seguridad decidió la creación de un tribunal penal internacional ad hoc a la luz de las graves violaciones al Derecho Internacional Humanitario, Crímenes de Lesa Humanidad y Genocidio en el territorio de la antigua Yugoslavia, perpetrados en mayor medida por las TO (fuerzas de defensa territorial de cada una de las repúblicas, compuestas por voluntarios civiles) así como grupos paramilitares conformados espontáneamente.

En conclusión, al expresar son *"generalmente practicados por las mismas agencias de poder punitivo"* se infiere cierta intencionalidad a los efectos de enfocar y justificar el resultado de la posición argumental de manera sesgada. Además, no justifica la inacción del poder judicial de ese momento ni en los años posteriores.

Las desapariciones forzadas de personas, también las ejecutan fuerzas ajenas a las fuerzas de seguridad y fuerzas armadas, por ejemplo, en Argentina el ejemplo clásico ha sido La Triple A, el cártel de Sinaloa o Jalisco en México, el Hezbollah en el Líbano, las FARC en Colombia, el partido Inkhata y su brazo armado - IFP- fue el principal perpetrador no estatal de graves abusos contra los derechos humanos en Sudáfrica desde finales de la década de 1980 hasta 1994. Son organizaciones armadas no estatales que han hecho desaparecer forzadamente, innumerable cantidad de personas.

La frase de la CSJN: *"No es muy razonable la pretensión de legitimar el poder genocida mediante un ejercicio limitado del mismo poder"*, es una expresión de concepto indefinido que nada dice respecto al derecho ni los tipos criminales establecidos en los códigos de fondo ni tratados internacionales. Es simplemente un criterio de naturaleza difusa.

---

su justicia no estaba en condiciones de hacerlo–para juzgar los delitos cometidos durante el conflicto interno ruandés que comenzó en 1990 y concluyó con el genocidio de 1994.

96 Es conocido el trabajo de la Comisión para la verdad y la reconciliación en Sudáfrica, así como los procesos judiciales que siguieron al trabajo de dicha comisión.

97 El desmembramiento de la ex Yugoslavia fue resultado de una serie de conflictos que comenzaron en 1991 y finalizaron en 2001.

La razonabilidad para sostener la extinción de la acción penal, no es una atribución conferida al criterio discrecional y personal de un magistrado judicial, sino un instituto que nace de la letra misma de la Constitución Nacional, los tratados internacionales, los códigos de fondo y la numerosa jurisprudencia nacional e internacional existente. Su aplicación, tal y como está escrita, es garantía de seguridad jurídica y credibilidad en el poder judicial.

Sigue expresando la corte con su actual composición: *"Que para ponderar adecuadamente el interés social en torno al juzgamiento y a la utilidad de la sanción de estos crímenes, siempre a la luz de la objeción por prescripción, corresponde tener presente que, en nuestro país, desde el retorno a la democracia en diciembre de 1983, se ha transitado por un desfiladero, no exento de contradicciones, signado por diferentes hitos pendulares entre los que resaltan, a título de ejemplo y sin pretensión de exhaustividad, los siguientes: la investigación de la "CONADE" (Comisión Nacional sobre la Desaparición de Personas); el "Juicio a los Comandantes de las Juntas Militares" (Fallos: 309: 5), de especial trascendencia por ser la primera vez que el sistema judicial de un país en democracia juzgaba, observando el debido proceso legal, a los responsables por los crímenes cometidos por el aparato estatal durante la dictadura; la sanción de las leyes de Obediencia Debida (ley 23.521) y de Punto Final (ley 23.492); las instrucciones del Presidente de la Nación al Procurador General a fin de poner en marcha el límite fijado por la ley 23.492 (decreto nacional 92/87), y las consiguientes instrucciones a los fiscales federales dispuestas en la resolución PGN 2/87; la firma de indultos por parte del Poder Ejecutivo (decretos 1002/89, 2741/90, 2745/90 Y 2746/90) y su posterior declaración de inconstitucionalidad por esta Corte en "Mazzeo" (Fallos": .330:3248); la derogación de aquellas leyes por la ley 24.952 (1998); su posterior declaración de nulidad mediante ley 25.779 (2003) y la convalidación. judicial de esta última por éste Tribunal en la causa "Simón" (Fallos: 328:2056). Estos hitos jurídicos han ido edificando una suerte de "Estatuto para el juzgamiento y condena de los delitos de lesa humanidad", que -conformado con el tiempo y las enseñanzas de la historia- ha permitido dar idónea respuesta a una legítima demanda de justicia, al asumir el desafío de juzgar hechos aberrantes y sin precedentes en nuestro país, sin caer en la venganza".*

Nuevamente nos encontramos con el concepto difuso del "*interés social*" que no se relaciona con ningún tipo criminológico y denota el interés en fundamentar una posición de neto corte punitivista que solo pretende castigar la conducta de las personas que no comparten la ideología del preopinante, sin ajustarse a la letra de la ley. Cabe aclarar que en otros países, y retomo el caso de Sudáfrica, se consideraron responsables a todos los actores, estatales y no estatales por violaciones a los derechos humanos, dejando abierta la opción para que la justicia los juzgara – excepto aquellos que se habían acogido al beneficio de la amnistía -, independientemente de su pertenencia al grupo en cuestión.[98]

No es acertado afirmar que "*se ha observado el debido proceso legal*" *por cuanto se ha violado el artículo 18 de la Constitución Nacional que afirma que: "Ningún habitante de la Nación puede ser penado sin juicio previo fundado en ley anterior al hecho del proceso, ni juzgado por comisiones especiales, o sacado de los jueces designados por la ley antes del hecho de la causa*".

En otro orden de cosas, se ha abusado de la prisión preventiva en este tipo de causas, aplicando la prisión preventiva como adelanto

98 "A la luz de lo anterior y de las pruebas recibidas, la Comisión es de opinión de que todos los principales actores perpetraron o facilitaron graves violaciones de los derechos humanos. Éstos incluyen: a El estado y sus agencias de seguridad, inteligencia (...) b Grupos e instituciones que, en mayor o menor medida, estaban afiliados o aliados al estado. (...) c Organizaciones blancas de derecha que se oponían activamente al estado (...) d Movimientos y organizaciones de liberación que buscaban generar cambios a través de la lucha armada y que operaban fuera de Sudáfrica y por medios encubiertos y subterráneos dentro del país. e Organizaciones que buscaban generar cambios por medios no violentos antes y después de 1990, incluido el Frente Democrático Unido; y f Formaciones paramilitares no estatales como las unidades de autodefensa del ANC y las unidades de autoprotección (SPU) del IFP. No obstante, la preponderancia de la responsabilidad recae en el Estado y sus aliados. Sin embargo, sería engañoso y erróneo asignar la culpa por la violación grave de los derechos humanos sólo a aquellos que se enfrentaron en la política y en luchas armadas. Otros, como la iglesia o grupos religiosos, los medios de comunicación, la profesión jurídica, el poder judicial, la magistratura, los sectores médicos, educativos y empresariales, son responsables de actos de omisión. (...)" Informe de la Comisión para la Verdad y la Reconciliación, Volumen 5, Conclusiones, 1998.

de pena, haciendo alusión a la pena en expectativa, prejuzgando una futura condena, sin considerar que aprisionar una persona, provoca un agravio de imposible reparación ulterior, que la torna equiparable a definitiva, sin causa legal que la justifique, constituyendo una decisión arbitraria por apartamiento del derecho, de los principios y normas constitucionales, entre ellos los principios constitucionales que prohíben el trato discriminatorio, el principio de igualdad ante la ley, que conculca el derecho constitucional de permanecer en libertad durante el proceso penal, todo ello omitiendo considerar que se presume el estado de inocencia de todo imputado hasta que se pruebe la responsabilidad penal por un delito, mediante una sentencia condenatoria firme y sin demostrar objetivamente el riesgo procesal que genera el imputado en libertad ambulatoria y con reglas de conducta impuestas.

Lo señalado en el párrafo precedente, afecta directamente al debido proceso penal, habida cuenta que el imputado encarcelado ve afectado su derecho de defensa, al limitarse sus posibilidades de procurarse las pruebas necesarias, siempre en desigualdad de armas jurídicas, independientemente de contar con una defensa técnica, particular u oficial, la que siempre se encuentra lejos del imputado en razón del errante ejercicio de la profesión del uniformado en distintas partes del país, con un tribunal que instruye la causa en el lugar de los hechos.

Asimismo, las prisiones preventivas exceden en demasía lo señalado en la ley 24.390[99] que establece dos años, excepcionalmente tres de encarcelamiento, llegando a existir casos en que el imputado ha cumplido prisión preventiva durante 13 años, siendo el promedio de 7 años para los casos de Lesa Humanidad. A manera de ejemplo cito, los casos de privación de la libertad por prisión preventiva sin sentencia condenatoria a febrero de 2021, de Eduardo Samuel

99 Ley 24.390. ARTICULO 1º-La prisión preventiva no podrá ser superior a dos años, sin que se haya dictado sentencia. No obstante, cuando la cantidad de los delitos atribuidos al procesado o la evidente complejidad de la causa hayan impedido el dictado de la misma en el plazo indicado, éste podrá prorrogarse por un año más, por resolución fundada, que deberá comunicarse de inmediato al tribunal superior que correspondiere, para su debido contralor. República Argentina. 2001.

De Lio, 13 años, Ricardo Aníbal Rolón, 11 años, Luis Gustavo Diedrichs, 13 años, Jorge Herrera, 13 años, Bruno Trevisán, 11 años y Emilio Morard, 14 años.[100]. Estas situaciones reflejan que las personas han sido penadas sin juicio previo y ello se traducen en un indebido proceso penal.

La Doctora Ángela Ledesma perteneciente a la Cámara Federal de Casación Penal, en su voto en el plenario *"Díaz Bessone"*, expresó que *"resulta evidente que hemos traicionado el programa de libertades establecido por nuestros padres constitucionales. La regla es la libertad, que es el bien supremo cuyo cercenamiento constituye la pena más grave que se le puede imponer a una persona"*.

Respecto a fundar el proceso en la ley anterior al hecho que le da origen, ya hemos efectuado abundantes consideraciones respecto a la aplicación retroactiva del derecho penal al referirnos al Estatuto de Roma y la Convención sobre la Imprescriptibilidad de los Crímenes de Lesa humanidad, resultando nuevamente necesario recordar, que el artículo 75, inciso 22 de nuestra Constitución Nacional, prohíbe alterar los derechos establecidos por ella al señalar que *"no derogan artículo alguno de la primera parte de esta Constitución y deben entenderse complementarios de los derechos y garantías por ella reconocidos"* y el artículo 18 se encuentra en la primera parte de la constitución y no fue respetado.

También se ha violado el artículo 27 de la Constitución Nacional debido a que el mismo impide la aplicación de un tratado internacional que prevea la aplicación retroactiva de la ley penal, al establecer que estos deben estar *"en conformidad con los principios de derecho público establecidos en esta Constitución"*, siendo que el principio de legalidad establece que no hay delito ni pena sin ley previa (nullum crimen nulla poena sine lege praevia). Este principio de derecho público, consagrado en el artículo 18 de la Constitución Nacional, constituye una garantía que debe ser respetada estrictamente, incluso tratándose de crímenes de lesa humanidad.

La inaplicabilidad de lo señalado en el artículo 27 de la Constitución Nacional, conduce directamente a la distorsión

100 Unión de Promociones. República Argentina. 2020. http://www.uniondepromociones.info/

del concepto de imprescriptibilidad señalada en los tratados, concordatos y convenciones suscriptas por la nación, porque absolutamente todos los incorporados en el artículo 75 inciso 22, hacen referencia a que las personas no pueden ser condenadas por leyes ex post facto.

En este punto del análisis, considero importante traer a colación que el principio de irretroactividad de la ley penal, es el resultado de una ardua lucha de la civilización jurídica y política del mundo, la que fue ya consagrada e incorporada en reglas jurídicas de aceptación universal ***hace "232*** años" en el artículo 8 de la Declaración de los Derechos del Hombre y del Ciudadano, proclamada como consecuencia de la Revolución Francesa, el 26 de agosto de 1789, según el cual ***"la ley sólo debe imponer penas estricta y evidentemente necesarias, y nadie puede ser punido sino en virtud de una ley promulgada antes del delito, y legalmente aplicada".***

Llamativamente, la CSJN ha sostenido lo que su posición actual desconoce, en el sentido del artículo 18 de la CN de que ningún habitante puede ser penado sin juicio previo fundado en ley anterior al hecho del proceso en los fallos 136:200, 237:636, 275:89, 298:717 y 308:2650.

Asimismo, resultando absurda y contradictoria la posición actual de la CSJN, el principio de irretroactividad de la ley penal, está reconocido en todos los tratados incorporados en el artículo 75, inciso 22 de la CN.[101]

---

101 El artículo 11, párrafo 2, de la Declaración Universal de Derechos Humanos aprobada por la Asamblea General de las Naciones Unidas el 10 de diciembre de 1948, dispone: "Nadie será condenado por actos u omisiones que en el momento de cometerse no fueron delictivos según el derecho nacional o internacional. Tampoco se impondrá pena más grave que la aplicable en el momento de la comisión del delito"; reglas que fueron reiteradas en el art. 15, párrafo 1, del Pacto Internacional de Derechos Civiles y Políticos, suscripto en Nueva York el 19 de diciembre de 1966, en el artículo 9 de la Convención Americana sobre Derechos Humanos, conocida como Pacto de San José de Costa Rica y en el ámbito europeo, en el artículo 7, párrafo 1, de la Convención Europea de Derechos Humanos. También el párrafo segundo del artículo 15 del Pacto Internacional de Derechos Civiles y Políticos agrega que "nada de lo dispuesto en este artículo se opondrá al juicio ni a la condena de una

A lo señalado en los párrafos anteriores, debe agregarse que la ley vigente para juzgar a los integrantes de las Fuerzas Armadas en 1983 era el Código de Justicia Militar y este, fue modificado en febrero de 1984[102] cambiando la jurisdicción militar y las instancias recursivas y revisoras. Posteriormente el código fue derogado en agosto del año 2008[103], siendo este códice el que constituía la ley anterior al hecho del proceso.

También se modificó el Código Penal y el Código Procesal Penal[104] dejando sin efecto el reconocimiento de la jurisdicción militar para proceder a juzgar personas por crímenes de lesa humanidad, con leyes inexistentes al momento de los hechos, en franca violación al artículo 18 de la Constitución Nacional, el principio de legalidad y el debido proceso legal.

En sintonía con la modificación de competencias, jurisdicción militar, modificación y derogación de códigos, se disolvieron Juzgados de Instrucción Militar, el Consejo Superior Para Oficiales, Suboficiales y Tropas y el Consejo Supremo de las Fuerzas Armadas.

Los tribunales que juzgaron y siguen juzgando a los militares por los hechos ocurridos en la década del '70, no son los designados

---

persona por actos u omisiones que, en el momento de cometerse, fueran delictivos según los principios generales del derecho reconocidos por la comunidad internacional", pero ese párrafo fue objeto de la reserva dispuesta en el artículo 4 de la ley 23.313 que lo aprobó, según la cual "El Gobierno Argentino manifiesta que la aplicación del apartado segundo del artículo 15 del Pacto Internacional de Derechos Civiles y Políticos, deberá estar sujeta al principio establecido en el artículo 18 de nuestra Constitución Nacional", de modo que la República Argentina no se adhirió incondicionalmente a los principios o normas del derecho de gentes entre las cuales puede incluirse imprescriptibilidad retroactiva de la acción penal destinada a perseguir delitos de lesa humanidad lo cual permite afirmar que la adhesión argentina ha sido condicionada y la condición fue que los principios y normas del pacto, no se realicen de modo retroactivo, violando la garantía consagrada en el artículo 18 de la CN, sino a partir del momento en que nuestro ordenamiento interno le den vigencia y hacia el futuro.

102 Ley 23.049. Reforma del Código de Justicia Militar. República Argentina. 1984.

103 Ley 26.394. Justicia Militar. República Argentina. 2008.

104 Ley 26.394 – Justicia Militar. República Argentina. 2008.

por ley antes del hecho de la causa y en algunos casos, tal como el del Tribunal Oral en lo Criminal Federal de la ciudad de Bahía Blanca, provincia de Buenos Aires, se llevan a cabo debates orales sobre Lesa Humanidad, por jueces subrogantes que cambian año a año, lo cual algunos han considerado un tribunal especial.

Las calificaciones de *"desfiladero, no exento de contradicciones, signados por diferentes hitos pendulares"*, no son otra cosa que el reconocimiento expreso de las dilaciones indebidas generadas por el Estado Argentino, siendo que quien lo afirma es un ministro de la corte.

Vale recordar que el 24 de marzo de 2004, en un discurso pronunciado en la ESMA, Escuela de Mecánica de la Armada, el ex presidente, Abogado Néstor Carlos Kirchner dijo: *"Como presidente de la Nación Argentina vengo a pedir perdón de parte del Estado Nacional por la vergüenza de haber callado durante 20 años de democracia"*. Esta expresión es la confesión de parte en representación del Estado Nacional, por un presidente en ejercicio, del incumplimiento de la obligación de persecución penal y de las dilaciones indebidas producidas por el Estado y no imputables ni a las víctimas, ni los imputados, ni a la sociedad actual, pasada o futura.

Las instrucciones del Abogado Raúl Ricardo Alfonsín, Presidente de la Nación al Procurador General a fin de poner en marcha el límite fijado por la ley 23.492 por medio del Decreto Nacional 92/87 y las Instrucciones a los Fiscales Federales dispuestas en la Resolución PGN 2/87 son claras injerencias que afectan la independencia de poderes del Estado y el libre juego de las instituciones en un país democrático, además de violatorio de la Constitución Nacional cuando esta dice, desde 1853 a la fecha, que *"en ningún caso el presidente de la Nación puede ejercer funciones judiciales, arrogarse el conocimiento de causas pendientes o restablecer las fenecidas"*.[105]

Al *"Estatuto para el juzgamiento y condena de los delitos de lesa humanidad"*, se le olvidó decir que los jueces que juzgaron a las Juntas Militares constituyeron un tribunal civil que aplicó el Código de Justicia Militar con el que nunca habían desarrollado

105 Artículo 92 de la Constitución Nacional de 1853 y artículo 109 de la reforma del año 1994.

sus actividades profesionales y que las penas impuestas a los condenados fueron muy inferiores a las que hoy en día se aplican a quienes fueron sus subordinados y siguen vivos. Hoy se los juzga por la ley penal común, jueces comunes, ignorando absolutamente los artículos 109, 514[106] y concordantes del Código de Justicia Militar vigentes al momento de los hechos que establece que *"Cuando se haya cometido delito por la ejecución de una orden del servicio, el superior que la hubiere dado será el único responsable"*.

Al llamado *"Estatuto para el juzgamiento y condena de los delitos de lesa humanidad"*, se le olvidó incluir en la lista, que la Corte Suprema de Justicia de la Nación resolvió en el año 1987, que las Leyes de Obediencia Debida y Punto Final eran constitucionales.[107] En igual sentido, no forman parte del mencionado estatuto, los innumerables controles de constitucionalidad y convencionalidad resueltos por los Tribunales Federales al aplicar las mencionadas leyes de OD Y PF previo considerarlas constitucionales, generando una voluminosa jurisprudencia al respecto.

También resulta llamativo que se halla omitido mencionar en el mencionado *"estatuto"* que el ejercicio del poder punitivo del Estado Nacional en lo relacionado con los crímenes de Lesa Humanidad, se halla acotado al período comprendido entre el 24 de marzo de 1976 y el 10 de diciembre de 1983, ampliándose posteriormente al 06 de noviembre de 1974 para permitir el cobro de indemnizaciones y pensiones de personas que se consideraban víctimas, debido a que en la fecha señalada, la entonces Presiente María Estela Martínez Cartas de Perón decretó la vigencia del Estado de Sitio.[108]

---

106 Artículo 514.-Cuando se haya cometido delito por la ejecución de una orden del servicio, el superior que la hubiere dado será el único responsable, y sólo será considerado cómplice el inferior, cuando éste se hubiere excedido en el cumplimiento de dicha orden.

107 En 1987, la Corte Suprema de Justicia de la Nación, compuesta por cinco miembros, resolvió que las leyes de Obediencia Debida y Punto Final, eran constitucionales. Por la validez de las leyes se pronunciaron los Doctores Carlos Santiago Fayt, Augusto Cesar Belluscio, Enrique Santiago Petracchi y José Severo Caballero mientras que el Doctor Jorge Bacqué votó en contra.

108 María Estela Martínez Cartas de Perón dispuso el Estado de Sitio el 6 de noviembre de 1974 y el gobierno cívico militar que asumió el poder el 24 de marzo de 1976 lo prorrogó hasta octubre de 1983.

Resulta pertinente remarcar, que los considerandos tienen un efecto legislativo de aplicación posterior, siendo que nada de lo dicho es ley sancionada por el Congreso de la Nación Argentina y mucho menos, tiene la fuerza necesaria para modificar el artículo 18 de nuestra Constitución Nacional vigente, sin embargo, se lo aplica como si así lo fuera.

Continúa expresando la posición de la corte que: "*Una mirada retrospectiva de la secuencia pendular previamente descripta, lleva a concluir que -aunque existieron intentos por darle fin a la persecución penal- el interés social por la investigación, el juzgamiento y -de corresponder- el castigo de aquellos crímenes ha mantenido vigencia y vigor, contrarrestando las pretensiones que -coyunturalmente- dificultaron o clausuraron la vía judicial*".

Se vuelve a reconocer las dilaciones indebidas producidas por el Estado, al expresar que hubo intentos por darle fin a la persecución penal y también al hacer alusión a las pretensiones coyunturales que dificultaron o clausuraron la vía judicial, la cual emanó de las autoridades de los distintos poderes del Estado y no de las víctimas, los imputados, ni la sociedad quienes carecen de poder para "*intentar darle fin a la persecución penal*".

Solo el Estado es el depositario del poder punitivo y solo el Estado puede intentar darle fin a la persecución penal, razón por la cual las dificultades o clausuras de la vía judicial, solo pueden emanar de la autoridad del Estado.

La corte actual continúa diciendo: "*Que por su parte, el examen del agravio sobre la conculcación de la garantía de plazo razonable importa reconocer que, en nuestro país, el juzgamiento de los hechos perpetrados durante el terrorismo de Estado ha afrontado dificultades excepcionales derivadas, en parte, del dominio de las estructuras estatales que -durante años- tuvieron sus autores, y también de las múltiples medidas que fueron articuladas para evitar represalias futuras y garantizar impunidad*".

Una vez más al mencionar las "*dificultades excepcionales derivadas*" vuelve a reconocer expresamente que las dilaciones indebidas fueron generadas por el Estado Nacional.

Respecto de la afirmación *"dominio de las estructuras estatales que -durante años- tuvieron sus autores"*, es menester expresar que es una valoración personal de quien lo escribe, que en nada hacer referencia de lo señalado en la ley penal, refleja una clara actitud punitivista, a sabiendas que en la ley penal no se valoran los hechos conforme a los gustos de los jueces, sino que se observan *"objetivamente"* con el prisma de la ley. Mucho más aún, con un fallo del año 2018 como el que estamos analizando, el cual omite recordar interesada y sesgadamente, que la democracia se reinstaló en 1983, 35 años antes del fallo analizado, lo cual nuevamente pone en crisis la posición asumida por la CSJN, habida cuenta que no se puede sustentar el fundamento de que, durante tantos años, los supuestos autores dominaron las estructuras estatales y menos aun considerando que los integrantes de la corte, firmantes de este fallo, vivieron en Argentina y fueron funcionarios del Estado, nacional o provincial durante el período señalado.

En cuanto a *"las múltiples medidas que fueron articuladas para evitar represalias futuras y garantizar impunidad"*, una vez más resulta necesario poner en evidencia que la corte efectúa una confesión de parte al reconocer las dilaciones indebidas generadas por el Estado, única autoridad con poder punitivo, quien decidió articular las múltiples medidas aludidas.

Continúa la corte diciendo que *"No escapa al conocimiento judicial que, con el objetivo de dificultar o impedir el juzgamiento de los crímenes cometidos durante el último gobierno militar y garantizar la impunidad de sus autores, se destruyeron archivos, se amedrentaron testigos, se dictaron leyes de autoamnistía y "desaparecieron" personas. Sería más que ingenuo considerar que un Estado usurpado, cuyos agentes y estructuras ejecutaron un plan sistemático en el marco del cual fueron cometidos crímenes atroces, fuera -a la vez- un Estado dispuesto y lo capaz de investigar, juzgar y castigar esos delitos"*.

Emerge nuevamente un concepto difuso e incierto cuando se hace referencia a lo que se denomina *"conocimiento judicial"*. Amén de ello, descalifica inexplicablemente a los gobiernos democráticos existentes durante los últimos 35 años, a quienes les reprocha no haber actuado conforme a la ley e inclusive desliza la posibilidad de que hayan sido un Estado usurpado, cuando resulta obvio que no fue así. Esta es una frase de naturaleza valorativa que no refiere a la violación de ley penal alguna.

Expresa quejosamente el fallo: *"Que las defensas alegan que, aun así, han transcurrido más de treinta años continuos de gobierno democrático y los encausados se encuentran sujetos a un prolongado proceso, sin que se haya obtenido hasta el presente una decisión judicial definitiva y sin que la demora sea a priori atribuible a los imputados sino -en todo caso- a distintos poderes del Estado"*.

Lo expresado por las defensas es correcto, porque se describe la realidad de un proceso penal plagado de retardos y obstáculos generados por el Estado, pero la palabra *"demora"* debe ser reemplazada por *"dilaciones indebidas"* y esas dilaciones, como ya se dijo repetidamente, son responsabilidad única del Estado y no de las víctimas, ni la sociedad, ni de los imputados, quienes al final de sus vidas, ya adultos mayores, enfermos deben rendir cuentas de hechos que ocurrieron al comienzo de las mismas, con la consiguiente sospecha de la sociedad actual sobre sus conductas pasadas, si es que aún no están muertos a 48 años de los hechos.

Sigue expresando la posición de la corte que *"Al respecto, cabe señalar que la sujeción a proceso de los aquí imputados y la incertidumbre que conlleva, no viene sosteniéndose en forma ininterrumpida desde el regreso a la democracia. De hecho, las pendulares condiciones jurídicas descriptas en el considerando 6° solo se vieron despejadas, de modo generalizado, a partir de la declaración de nulidad (legislativa) y de inconstitucionalidad (judicial) de las leyes de Obediencia Debida y de Punto Final"*.

Es necesario resaltar la conducta contradictoria del Congreso de la Nación Argentina, por cuanto es el mismo organismo que sancionó las leyes de PF y OD el que las anula, poniendo en crisis su propia naturaleza, ya que no tiene atribuciones conferidas por la CN para anular sus propias leyes.

Si la sujeción a proceso de los imputados no se ha sostenido ininterrumpidamente desde el regreso de la democracia, no deben pagar con incertidumbre ni las víctimas, ni los imputados, ni la sociedad en general, porque como ya se dijo repetidamente, solo el Estado Nacional, a través de sus tres órganos de poder, es el responsable de esta situación.

Sería justo recordar en este punto, que entre *"las pendulares condiciones jurídicas descriptas en el considerando 6°"* se encuentra también el fallo de la CSJN que, en 1987, resolvió que las leyes de Obediencia Debida y Punto Final eran constitucionales y que la misma corte como tribunal decisor, en 2005 dijo que eran inconstitucionales.

Continúa expresando la actual posición de la corte que: "*En ese momento, la justicia argentina debió iniciar una compleja tarea de indagación y reconstrucción de los hechos ocurridos durante el gobierno militar, con las dificultades derivadas del paso del tiempo, la pérdida de rastros, pruebas, registros y testimonios y -como ya se señaló- de las estrategias desplegadas para garantizar impunidad de autores y partícipes cuando tenían pleno dominio del aparato estatal y -también y por motivos que no corresponde analizaren este expediente- con posterioridad al restablecimiento del sistema democrático*".

Si se llegó a ese momento, fue por inacción del Poder Judicial, en particular de la Justicia Federal, que en cada causa que llegó a los despachos de los jueces y camaristas, no decretó la inconstitucionalidad de las leyes de marras y acató las *"estrategias desplegadas para garantizar impunidad"*. Cabe entonces, endilgarles esa imputación a los gobiernos democráticos, porque el *"pleno dominio del aparato estatal"* por parte del gobierno cívico militar, finalizó en 1983.

La referencia a *"motivos que no corresponde analizar en este expediente"* no constituye otra cosa más que una valoración que en nada se relaciona con el derecho penal y sus principios, garantizados por la Constitución Nacional y las leyes. Se aprecia más como una excusa para evitar explicar lo que aquí se analiza.

Así fijada la posición de la CSJN, cabe ir concluyendo que, aun aceptándose los criterios de dicha posición, los mismos son eso, *"criterios"*, los que son de contenido *"penal"*, no son ley sancionada por el Congreso de la Nación Argentina ni promulgada por el Poder Ejecutivo Nacional. Son criterios valorativos de naturaleza penal muy comunes en la corriente penal punitivista.

La ley es la ley. Así funciona el sistema jurídico en la República Argentina, no hay otra forma de entender el mencionado sistema. En tal sentido, no se pueden aplicar retroactivamente los criterios de la posición de la CSJN y aun siendo criterios de ius cogens, tal como se entienden en la actualidad, no se entendían así con anterioridad al momento de los hechos.

La opinión mayoritaria de la CSJN, declaró aplicable la Convención sobre Imprescriptibilidad de Crímenes de Guerra y de Lesa Humanidad sancionada por el Congreso de la Nación Argentina en el año 1995 e incorporada a la Constitución Nacional en el año 2003, a los hechos considerados como terrorismo de Estado ocurridos entre 1976 y 1983, considerando que se trataría de la aplicación retroactiva de una ley penal, porque a la fecha de los hechos el *jus cogens* imponía principios consuetudinarios que tipificaban los delitos por ellos cometidos.

Un criterio de naturaleza penal aplicado retroactivamente, conllevaría a pensar en juzgar indefinidamente por años, décadas y siglos anteriores, la conducta de los hombres, no solo en Argentina sino en el mundo entero.

Expresa la Doctora Silvia Marcotullio que *"Resulta claro que en materia penal el ius cogens al mismo tiempo que ratifica los principios que fueron conquista de siglos, encuentra dificultades para la admisión de nuevas normas que, en casos como los delitos de lesa humanidad, terminaron necesariamente en plasmarse en el derecho positivo por medio de tratados internacionales; así se le dio anclaje a un sistema, el de la ley penal, que debe ser cierta, escrita y estricta."*

El Doctor Gregorio Badeni expreso, quejándose de la situación jurídica imperante que *"Ya no se trata de adecuar el derecho que emana de la Constitución Nacional mediante una interpretación dinámica y progresista que respeta su esencia sino de introducir preceptos ajenos a nuestras más caras tradiciones jurídicas provocando un proceso de mutación: subordinando La Ley Fundamental al derecho internacional."*[109]

109 Marcotullio, Silvia. Juicios de Lesa Humanidad. ¿solo prevaricato de los jueces o comisión de delitos de lesa humanidad por los tres poderes? Página 14. Graficop. Provincia de Córdoba. República Argentina. 2015.

El mencionado jurista se refiere al ius cogens reflexionando, extendiendo su pensamiento más allá de lo concerniente a la materia de derechos humanos al considerar que *"se restringen potestades políticas de los poderes legislativo y ejecutivo, propias de la soberanía del poder y subordinando la actuación de la jefatura de nuestro Poder Judicial a las decisiones de tribunales internacionales, aunque colisionen con la parte principista de nuestra Constitución en sus arts. 1 a 35, cuya absoluta intangibilidad ordenó la ley que declaró la necesidad de la reforma constitucional de 1994. Esta última dispuso que los tratados internacionales tenían rango supralegal pero no supraconstitucional".*[110]

Para el Doctor Badeni, la aplicación del ius cogens creando delitos, es contrario al artículo 18 de nuestra CN y en relación al carácter procesal del artículo 118 de la constitución, manifestó que de ninguna manera puede interpretarse, que autoriza al derecho de gentes ser fuente de prescripciones en materia penal.

Sobre el ius gogens, vale decir también que, para nosotros, los argentinos, no siempre significó lo mismo. Recordemos que la República Argentina no se adhirió incondicionalmente a los principios y normas establecidos en el Pacto Internacional de Derechos Civiles y Políticos entre los cuales puede incluirse la imprescriptibilidad de la acción penal destinada a perseguir delitos de lesa humanidad. La adhesión argentina ha sido condicionada y la condición, fue que los principios y normas del pacto, no se realicen de modo retroactivo, violando la garantía consagrada en el artículo 18 de la CN, sino a partir del momento en que nuestro ordenamiento interno le de vigencia y hacia el futuro.

Si bien el párrafo segundo del artículo 15 del Pacto Internacional de Derechos Civiles y Políticos establece que *"nada de lo dispuesto en este artículo se opondrá al juicio ni a la condena de una persona por actos u omisiones que, en el momento de cometerse, fueran delictivos según los principios generales del derecho reconocidos por la comunidad internacional"*, Argentina ratificó que *"El Gobierno Argentino manifiesta que la aplicación del apartado segundo del artículo 15*

110 Marcotullio, Silvia. Juicios de Lesa Humanidad. ¿solo prevaricato de los jueces o comisión de delitos de lesa humanidad por los tres poderes? Página 14. Graficop. Provincia de Córdoba. República Argentina. 2015.

del Pacto Internacional de Derechos Civiles y Políticos, deberá estar sujeta al principio establecido en el artículo 18 de nuestra Constitución Nacional" párrafo objeto de la reserva dispuesta en el artículo 4 de la Ley 23.313 que sancionó el Congreso de la Nación Argentina.

Es conveniente recordar que los Doctores Augusto Cesar Belluscio, Carlos Santiago Fayt y Adolfo Roberto Vázquez, coincidieron en que la aplicación del principio de imprescriptibilidad de la ley en delitos de Lesa Humanidad, viola los principios de legalidad y de irretroactividad de la ley penal, expresando que el derecho consuetudinario no puede ser aceptado como fuente del derecho penal.

Juristas como Pablo Manili, consideran que la clave que unifica todas las interpretaciones es el principio "*pro homine*", en virtud del cual concluye "*que no se puede aplicar retroactivamente ni la obligación de castigar, ni la tipificación hecha por normas internacionales, ni la imprescriptibilidad de un crimen por grave que sea* ".

El Doctor Manili considera que "*el principio pro homine, puede ser definido, entonces, como aquel por el cual, ante una pluralidad de normas aplicables a una misma situación jurídica, el intérprete debe elegir aquella que brinde una protección más favorable para la persona humana, en el sentido de darle la mayor extensión posible a las que consagran derechos y el menor alcance posible a las que posibilitan restricciones... La Corte IDH, en igual sentido, ha señalado que si en una misma situación son aplicables la Convención Americana y otro tratado internacional, debe prevalecer la norma más favorable a la persona humana.*"[111]

El criterio del derecho de gentes incorporado al ordenamiento argentino en la Constitución Nacional, artículo 99 de la constitución de 1853 y 118 de la de 1994, es una simple regla de competencia judicial que se refiere a la determinación del lugar en que han de desarrollarse los juicios, habida cuenta que dice que cuando un delito se cometa "*fuera de los límites de la Nación, contra el Derecho de Gentes, el Congreso determinará por una ley especial el lugar en que haya de seguirse el juicio*" y no hace referencia a otra consideración de naturaleza legal. Es de neto corte procesal.

111 Sabsay, Daniel Alberto–Manili, Pablo Luis. Constitución de la Nación Argentina. Hammurabi. República Argentina. 2016.

Resulta oportuno recordar que pareciera que la corte ha interpretado el derecho vigente, y no es cierto que todo derecho debe ser interpretado, menos aún el derecho penal donde rige el concepto de que éste es "escrito, estricto y cierto", lo cual denota que la ley es lo que la ley dice que es y no lo que el juzgador de turno dice o interpreta que es. Considerarlo así, es consagrar la inexistencia de los códigos de fondo y de la ley misma.

Los jueces tienen que aplicar la Consitución y las leyes creadas por el Congreso de la Nación, no cambiarlas, porque los jueces no son coautores del derecho ni intérpretes del mismo. Solo deben interpretar la ley cuando esta no sea clara o resulta ser incompleta y en la posición de la corte, se observa, en cada párrafo que hemos analizado, el interpretativismo entrelazado con el punitivismo.

Los jueces no tienen el poder normativo de cambiar la ley mediante una interpretación si la ley no los convence, no les gusta o no es de su inclinación ideológica. En lugar de valorar el derecho, los jueces deben aplicarlo, prescindiendo de sus opiniones personales. [112]

Es de entender que puede llegar a existir el caso de que ciertas leyes sean inmorales y que el juez considere que no debe aplicarlas, lo cual es excepcional y si así se hace, se fundamentarán las razones por las cuales se desobedece a la ley, pero este no es justamente el caso que nos ocupa.

Así las cosas, cabe recordar que el principio de interpretación penal es absolutamente restrictivo, siendo que la autoridad no la tiene el juez sino la ley y a ella debemos obedecer todos los habitantes independientemente de la función que cumplimos en

---

112 Un caso testigo lo constituye el de un Camarista hoy en ejercicio, que publicó sus opiniones en Facebook donde refiriéndose a los imputados por LH, escribió entre otras cosas, que eran "*...lacras...*" "*... asesinos, cómplices de los apropiadores: a donde vayan los iremos a buscar...*" "*... son la lacra más repugnante de nuestro país desde al menos 1930*" e insultos irreproducibles. Este hecho generó el apartamiento del camarista, pero lo importante no es que no pueda intervenir en la tramitación de los expedientes, sino que haga públicas sus opiniones con términos soeces, anticipando que sus resoluciones serán parciales y no ajustadas a derecho. Me reservo el nombre y apellido del mencionado camarista, porque no importa la persona, sino el hecho.

la sociedad. En tal sentido, somos los habitantes los que debemos ajustarnos a la ley y no la ley a nosotros.

Por momentos se percibe la sensación que la posición de la CSJN se basa en el *"derecho penal del enemigo"* y el apotegma de los peronistas que reza *"al enemigo ni justicia"*, omitiendo considerar que hasta los enemigos en una guerra tienen los derechos consagrados en las normas del Derecho Internacional de los Conflictos Armados[113], especialmente cuando se refieren a la protección de las personas y los bienes o los métodos y medios de combate.

Así como todo inocente tiene derecho a ser absuelto en juicio, el Estado *"no"* tiene el derecho a condenar a una persona que considera culpable si la ley así no lo dispone. Aunque una persona confiese la comisión de un hecho que a la sociedad no le agrada, si este hecho no está tipificado como delito en los códigos, debe ser sobreseído o absuelto según sea el caso.

Finalmente cabe preguntarse en función de qué ley vigente al momento de los hechos, se juzga en los juicios de lesa humanidad, que brinde satisfacción a las víctimas aún vivas, a los derechohabientes de las víctimas, a los justiciables y la sociedad en su conjunto, porque proporcionar tutela judicial efectiva aplicando un criterio de naturaleza penal en forma retroactiva y limitada en el tiempo, no parece ajustarse a algo que se relaciona con la palabra "ley".

Señala el Doctor Andrés Rosler, *"o bien creemos que no hay crimen sin castigo y por eso la persona debe ser castigada, o bien creemos, por el contrario, que no hay castigo sin ley y por eso alguien debe ser castigado exclusivamente porque violó la ley y remata diciendo que en el medio no hay nada"*.[114]

La posición, omisión y contradicción de la CSJN en la posición analizada, al resolver que las leyes de OD y PF eran constitucionales en el año 1987 e inconstitucionales en 2005, denota que el Poder

113 También conocido como Derecho Internacional Humanitario.

114 Rosler, Andrés. Los jueces están para aplicar el derecho. Clarín. República Argentina. 2020. https://www.clarin.com/revista-enie/ideas/andres-rosler-jueces-aplicar-derecho-_0_SDEljdoH.html

Judicial sincroniza sus fallos según los tiempos políticos y no con la ley en su sentido expreso. En otros términos, la CSJN al igual que muchos tribunales, hace política con sus fallos, lo cual atenta contra el estado de derecho.

Sobre lo manifestado en el párrafo anterior, el Doctor Andrés Rosler expresó: *"La idea de que el juez busca una idea correcta y luego usa el derecho para que le dé la razón, indica que algo no funciona bien. Un buen juez toma una decisión con la que puede no estar de acuerdo, como el árbitro de fútbol que cobra un penal, aunque simpatice con determinado equipo. En el fútbol no toleraríamos otra cosa, ¿por qué en el derecho sí? En el fútbol eso es sagrado, en el derecho, no tanto. Por eso el juez debe tener control de sí mismo. El derecho no se fija en la cara del cliente. En la época de los derechos humanos, creer que hay gente que no tiene derechos es una contradicción".*

Un ejemplo de como la justicia se aparta de la ley para ajustarse a los intereses de la política, lo podemos apreciar en las decisiones de la Corte Suprema, quien con la misma constitución, en el caso Muiña el 03 de mayo de 2017 [115], dijo que era aplicable el artículo 7 de la Ley 24.390 [116] conocida como del 2x1 y en diciembre de 2018 en el caso Batalla, dijo que no lo era.[117]

En Argentina y en el mundo occidental, las garantías constitucionales son de las personas y no de la ley que se aplica.

115 Centro de Información Judicial. La Corte Suprema, por mayoría, declaró aplicable el cómputo del 2x1 para la prisión en un caso de delitos de lesa humanidad. República Argentina. 2017. https://www.cij.gov.ar/nota-25746-La-Corte-Suprema—por-mayor-a—declar—aplicable-el-c-mputo-del-2x1-para-la-prisi-n-en-un-caso-de-delitos-de-lesa-humanidad.html

116 El artículo 7 de la ley 24.390, que preveía el beneficio del 2x1, estuvo vigente entre 1994 y 2001. Establecía que después de los dos primeros años de prisión preventiva, cada día más de encierro sin condena se contaría doble, a los efectos del cumplimiento de la pena y no diferenciaba tipos criminales. En otras palabras, es aplicable a narcotraficantes, violadores, homicidas, pedófilos o crímenes de lesa humanidad.

117 Centro de Información Judicial. Inaplicabilidad del beneficio del 2x1 para los delitos de lesa humanidad. República Argentina. 2018.https://www.cij.gov.ar/nota-32689-PENAL—-Inaplicabilidad-del-beneficio-del-2x1-para-los-delitos-de-lesa-humanidad.html

Están en cabeza de los seres humanos que habitan el suelo de un Estado para evitar los abusos punitivos del Estado sobre ellos. En tal sentido, las garantías no discriminan sobre qué tipos delictivos se tienen como válidas y sobre cuáles no. La interpretación de la ley, tal como ocurre con la posición de la CSJN, valorando la ley, es desobediencia de la ley.

Si una situación es legal y también aberrante los caminos son dos. Uno, modificar la ley siguiendo los pasos que señala la Constitución Nacional y otro, desobedecerla fundamentando la desobediencia. Desobedecer la ley enmascarándola en la interpretación, es desobediencia y tal como ha sucedido con la supuesta ley interpretativa del 2x1, es aplicar la ley penal retroactivamente con el solo propósito de castigar si o si, tal como surge de la corriente punitivista contraria a las garantías consagradas en nuestra constitución nacional.

No se necesita interpretar el artículo 2 del Código Penal que dice *"Si la ley vigente al tiempo de cometerse el delito fuere distinta de la que exista al pronunciarse el fallo o en el tiempo intermedio, se aplicará siempre la más benigna"*, porque es absolutamente claro.

Por todo lo dicho, simplemente entiendo que la posición de la CSJN es sesgada y responde a los intereses políticos del momento, tiene características interpretativistas y punitivistas, no obedece a la ley y esta posición, debería, cuanto menos, ser revisada. Pero lo más importante, es que constituye una prueba documental de las dilaciones indebidas producidas por el Estado Nacional en particular, el poder judicial.

Prescripción de la Acción Penal. Sobreseimiento. Extinción de la Acción Penal. Reparación Integral. El Sinsentido del Encarcelamiento.

Expresa el Doctor Juan Fernando Gouvert que, *"La vigencia temporal del ius puniendi estatal ostentó una contención material histórica de lege data en el instituto de la* ***prescripción de la acción penal y*** *de la pena. Y así fue, como la pretensión estatal de imponer una condena y hacer cumplir la pena tiene legitimidad y eficacia si se realizan oportunamente en los taxativos plazos reglados en el Código Penal."*

"El parámetro cronológico certero sirvió históricamente para regular dentro de que período temporal es legítimo perseguir un injusto o imponerle un castigo y hasta fue usado por la jurisprudencia como baremo de la extensión temporal del proceso y aplicar el instituto de la prescripción si el plazo de tramitación devenía irrazonable."[118]

"La pretensión estatal de imponer una condena y hacer cumplir la pena tiene legitimidad y eficacia" en tanto y en cuanto no sea extemporánea.

"La prescripción es una cuestión de orden público, susceptible, por ende, de ser interpuesta en cualquier etapa del proceso, sin que pueda anteponérsele una simple cuestión procesal sobre normas de raigambre constitucional como es la prescripción."

En varias causas, *"inveteradamente la Corte decretó que la declaración de la extinción de la acción penal por prescripción, es la vía jurídica idónea para determinar la cesación de la potestad punitiva estatal por el transcurso del tiempo y salvaguardar el derecho constitucional a obtener un pronunciamiento judicial en plazo razonable".*[119]

118 Gouvert, Juan Fernando. La insubsistencia de la acción ante la irrazonable duración del proceso penal. Revista de Pensamiento Penal. República Argentina. 2017. http://www.pensamientopenal.com.ar/doctrina/44782-insubsistencia-accion-ante-irrazonable-duracion-del-proceso-penal

119 Unión de Promociones. República Argentina. 2020. http://www.uniondepromociones.info/

La existencia de actos interruptivos y suspensivos, han sido decisiones soberanas emanadas de los 3 órganos de poder del Estado Argentino, razón por la cual no es cuestionable discutir su legalidad, porque ha transcurrido casi un decalustro, medio siglo y el proceso penal, la acción penal, aún se encuentra vigente, sin que se cuestione la legalidad de las decisiones soberanas de referencia.

No obstante, lo expuesto y sin entrar en cuestionamiento que de poco sirven, cabe recordar el concepto suspensivo es el que más se ajusta a los hechos a que se refiere este ensayo, habida cuenta que cuando se anulan las leyes de OD, PF y los indultos, se reabren causas y se continúan las mismas sobre la base de las actuaciones anteriores las que se dan por válidas. Si se hubiese aplicado el concepto interruptivo, se hubiese comenzado desde cero y no fue así.

Asimismo, los derechohabientes de las víctimas, hacen uso de todos los medios de prueba generados desde los gobiernos del ex presidente Hector J. Cámpora[120] en adelante y se reabren expedientes resueltos o parcialmente resueltos en los juzgados federales buscando una resolución más conveniente para ellos. Por ejemplo, en el Juzgado Federal Nro 1 de Bahía Blanca, en 2018 se reabrió un expediente archivado donde consta la muerte del señor José Luis Escudero, quien falleció de un disparo efectuado por un soldado conscripto en un control de ruta efectuado por personal militar en el año 1977. El Juez Walter Da Silva, indagó a varios imputados en septiembre de 2018 y en agosto de 2020, 23 meses después procesó a varios de ellos por ese hecho. Cabe recordar que el juez dispone de 10 días para resolver la situación procesal de una persona indagada por un delito.

El fallo de condena de la Sala I de la Cámara Federal de Casación Penal, en la causa N° 15.667[121], "Sarlenga, Luis Eustaquio y otros s/recuso de casación" dictado el 5 de marzo de 2013, notificado el 8 de marzo de ese año, en el que señala que habiéndose operado

---

120 Durante el primero y segundo día de este gobierno, los Poderes Ejecutivo y Legislativo liberaron y amnistiaron a los terroristas subversivos sin desarmarlos, quienes volvieron a la clandestinidad para proseguir su lucha armada.

121 Causa N° 15.667 caratulada "Sarlenga, Luis Eustaquio y otros s/recuso de casación", registrada bajo el n° 20.697. República Argentina. 2017.

la prescripción de la acción penal en relación a los hechos individualizados en el requerimiento de juicio, el 13 de marzo de 2013, fecha en que se cumplieron doce años contados desde el último acto procesal con virtualidad para interrumpir el curso de la acción penal por prescripción, denota claramente que los juicios de Lesa Humanidad, que llevan 48 años de proceso penal, también pueden prescribir por el paso del tiempo dejando aclarado que la imprescriptibilidad de un delito, no puede ser utilizado como excusa para dilatar o aceptar procesos penales fuera de todo contexto de plazo razonable a sabiendas de que no habrá nunca prescripción penal.

Es un agravio para las partes del proceso penal, observar los pronunciamientos arbitrarios de muchos tribunales, donde consta la falta de tratamiento de la excepción de extinción de la acción por prescripción, en razón de la ausencia de plazo razonable en estos juicios.

Resulta evidente la falta de imparcialidad de los juzgadores, al orientar interesadamente los conceptos normativos, en pos de mantener la vigencia de un proceso penal vetusto, antiguo y extemporáneo, en perjuicio de los intereses de las víctimas y de los imputados, cuando a claras luces debería dictarse la prescripción de la acción penal por insubsistencia de la misma, en razón de la inexistencia de plazo razonable. Para Lesa Humanidad, hoy año 2021, juzgando hechos ocurridos hace 48 años por la organización "La Triple A" creada en 1973.

Aunque reiterativo y tal como se expresó anteriormente, tanto la víctima como el imputado, tienen derecho a la existencia de un juicio en un plazo razonable y si el Estado Nacional produce dilaciones indebidas para decidir cumplir, luego de incumplir, con su obligación de persecución penal, habiendo transcurrido más de 48 años desde que ocurrieron los hechos, estos deben ser declarado prescriptos por insubsistencia de la acción penal, reparar integralmente a los derechohabientes de la víctimas y poner fin al proceso penal absolviendo a los justiciables.

Es justamente en los casos en los que no ha operado la prescripción de la acción penal, en los que se torna fundamental evaluar las circunstancias del proceso, a la luz del derecho a ser juzgado en un plazo razonable, ya que, si se entiende que la acción se ha extinguido por prescripción, debe aplicarse ese instituto sin necesidad de recurrir a las garantías constitucionales.

"En esta inteligencia, el hecho de que el proceso haya sobrepasado el máximo plazo razonable de duración, configura un impedimento procesal cuya consecuencia debe ser poner fin a la continuación del juicio por ilegítimo. La conclusión anticipada y definitiva del proceso es la única forma de hacer efectiva la garantía limitadora del poder punitivo de un Estado soberano, en resguardo del derecho vulnerado. Por ello, cuando se advierte que la continuación del proceso importa mantener una afectación al derecho de ser juzgado en un plazo razonable, se debe solucionar mediante la declaración de extinción de la acción y el consecuente sobreseimiento del imputado."[122]

Por último, no puede evitarse reflexionar sobre **el sinsentido del encarcelamiento** a la luz del concepto de proceso penal expresado por Binder donde él jurista advierte que el proceso contiene la ejecución de la pena. Luego de elongadísimos procesos penales donde al concluirlos, los imputados que aún quedan vivos y con lucidez para participar en juicio, son adultos mayores, integrantes de grupos de riesgo por la avanzada edad y con una vida realizada, jubilados todos, que, en la época de los hechos, ostentaban las jerarquías más bajas de las fuerzas uniformadas o eran funcionarios o magistrados de corta edad, no se advierte explicación legal que justifique la subsistencia del encarcelamiento.

Este grupo humano, está protegido por la Convención Interamericana sobre la Protección los Derechos Humanos de los Adultos Mayores, la que fue firmada por Argentina el 15 de junio de 2015 y entró en vigor el 11 de enero de 2017. En ella se establece que un adulto mayor es aquella persona que posee 60 años de edad o más, "salvo que la ley interna determine una edad base menor o mayor, siempre que esta no sea superior a los 65 años".

---

122 Genera, Agustín. Derecho a ser juzgado en un plazo razonable: aspectos constitucionales y convencionales. Revista de Pensamiento Penal. República Argentina. 2018. http://www.pensamientopenal.com.ar/doctrina/46207-derecho-ser-juzgado-plazo-razonable-aspectos-constitucionales-y-convencionales.

Conforme a lo señalado en el párrafo anterior y lo dispuesto en el artículo 32 de la ley 24.660 y el 10 del Código Penal, que habilitan al Juez de Ejecución Penal a conceder el arresto domiciliario al interno mayor de 70 años, debe entenderse como mayor de 65 años, por cuanto la convención es una ley penal que modifica, la edad establecida en la ley de Ejecución de la Pena Privativa de la Libertad y el Código Penal, en un todo de acuerdo con el artículo 2 del Código Penal que establece la aplicación de la ley penal más benigna cuyos efectos operarán de pleno derecho.

Continuando con el análisis, sabemos que la etapa de la ejecución de la sentencia contabiliza al evaluar la duración del proceso penal, debido a su incidencia en la valoración del plazo razonable hasta que la sentencia quede firme, contabilización que se realiza en años calendarios.

El lapso excesivo entre la comisión del delito y la imposición de la pena privativa de la libertad, frustra los fines de esta última, debido a que nuestro sistema correccional tiene como fin la resocialización del interno.

En tal sentido, de nada vale hablar de resocialización de una persona encarcelada, con 70 años de edad como resulta ser el promedio de los hoy aprisionados en unidades penitenciarias[123] por juicios de lesa humanidad. A estas personas no les cabe régimen de progresividad alguno, por una simple razón etaria, mucho menos si ha sido condenada a prisión perpetua, pena que casi nunca cumplirá porque morirá antes de agotar su cumplimiento, como ha resultado evidente a la fecha del 17 de febrero de 2021, que de 625 fallecidos solo 73 han obtenido sentencia firme y 552 murieron sin lograr alcanzarla. [124]

Un caso paradigmático de argentina lo constituye el del ex Comisario Miguel Osvaldo Etchecolatz, condenado en 8 juicios a prisión perpetua, quien, con 91 años de edad, 3 ACVs, incontinencia urinaria, diabetes y trasladándose en silla de ruedas,

---

123 La edad promedio a nivel nacional en unidades carcelarias es de 70 años y en prisión domiciliaria de 78 años de edad.

124 David Rey. Periodismo para todos. República Argentina. 05 de julio de 2020.https://www.youtube.com/watch?v=fSjbge9k5Lw&feature=youtu.be

continúa encarcelado en el Complejo Penitenciario Federal I: Ezeiza[125], por decisión de la CSJN de fecha 06 de agosto de 2020. [126] Parecería ser una decisión política no ajustada a derecho, la cual se encuentra fuera de toda lógica de interpretación deontológica, del Derecho de Ejecución Penal.

En paralelo, el mundo nos ofrece ejemplos de personas condenadas por crímenes más o menos aberrantes como los perpetrados por el ex comisario Etchecolatz, pero con soluciones diferentes en cuanto a la ejecución de la pena. Me refiero en concreto al ejemplo del criminal de guerra Erich Priebke, [127]conocido por haber sido el principal colaborador de Herbert Kappler en la masacre de las Fosas Ardeatinas, donde fueron asesinados 335 personas, en su mayoría italianos.

Priebke fue acusado y sometido a juicio por su participación activa en la masacre y 1ro de agosto de 1996, un Tribunal Militar italiano resolvió que se debía *"no proceder, ya que el delito extinguió por prescripción"* y dispuso la libertad inmediata del acusado. Posteriormente, el Tribunal Supremo anuló la sentencia y ordenó un nuevo juicio en su contra. Finalmente, después de numerosas apelaciones en marzo de 1998, Priebke fue condenado a prisión perpetua, pero debido a su avanzada edad de 85 años, cumplió la pena con arresto domiciliario hasta su muerte en un departamento en Roma, Italia.

Vale recordar, que a estas personas jamás se les concederá la libertad asistida, la libertad condicional, la semidetención, la

---

125 Su alojamiento varía conforme a la situación de pandemia generada por el Covid 19, pudiendo ser alojado en la Unidad Penitenciaria Nro 34, Campo de Mayo, Pabellón "C" u otra unidad carcelaria, según convenga por motivos de salud de la persona privada de libertad.

126 Corte Suprema de Justicia de la Nación. "Recurso de hecho deducido por la defensa en la causa Etchecolatz, Miguel Osvaldo s/ incidente de recurso extraordinario" República Argentina. 2020. CFP 3993/2007/92/4/1/RH32 Etchecolatz, Miguel Osvaldo s/ incidente de recurso extraordinario.

127 Vinuesa, Raúl Emilio. La aplicación del Derecho Internacional Humanitario por los Tribunales Internacionales. República Argentina. 2003. http://www.derecho.uba.ar/publicaciones/lye/revistas/78/lecciones-y-ensayos-78-paginas-311-347.pdf

prisión discontinua, la prisión diurna o nocturna, por la misma razón etaria mencionada dentro de un contexto de imposible aplicación del Régimen de Progresividad.

Más aún, si consideramos que el promedio de edad de las personas que cumplen su condena en la modalidad de arresto domiciliario es de 78 años, siendo que el promedio general de todos los privados de libertad por causas de lesa humanidad es de 76 años, [128] la situación amerita por lo menos una revisión del fin de la pena para este grupo en particular.

Si el imputado no registró antecedentes condenatorios previos, estuvo siempre ajustado a derecho y existen indicadores suficientes de que se encuentra adaptado a su entorno, conviviendo ajustado a las reglas de vida en sociedad, la imposición de una pena privativa de la libertad a edad avanzada en una unidad penitenciaria, resulta un perjuicio irrazonable sin sentido de conveniencia, ni para el imputado ni para el Estado, el que deberá hacerse cargo de un geronte con derecho a la alimentación y salud, lo que acarreará innumerables gastos para el erario público en franca oposición al fin del Sistema Correccional. Esta situación no se ajusta al debido proceso.

Desde otro ángulo de observación del problema y pensando que *"en una sentencia penal no pueden dejarse de lado los fines resocializadores de la ejecución de la pena que se encuentran establecidos en las normas fundamentales, en este caso concreto como el señalado, podría configurarse un menoscabo al principio de racionalidad de los actos de gobierno y razonabilidad de las decisiones judiciales".*[129]

Reafirmando lo precedentemente expuesto, el Colegio de Jueces de Segunda Instancia de Rosario, constató la afectación a la garantía de ser juzgado en un plazo razonable y resolvió *"perforar*

---

128 Unión de Promociones. República Argentina. 2020. http://www.uniondepromociones.info/

129 Genera, Agustín. Derecho a ser juzgado en un plazo razonable: aspectos constitucionales y convencionales. Revista de Pensamiento Penal. República Argentina. 2018.
http://www.pensamientopenal.com.ar/doctrina/46207-derecho-ser-juzgado-plazo-razonable-aspectos-constitucionales-y-convencionales.

el mínimo legal de la escala del delito por el cual se había condenado al imputado e imponer una condena de ejecución condicional".

"El tribunal afirmó la inconveniencia o ausencia de fundamentación de imponer la efectiva prisionalización del imputado, teniendo en consideración que habían transcurrido diez años desde la comisión del delito de portación ilícita de arma de fuego de guerra. Refirió que la imposición de una pena efectiva carecería de fin resocializador alguno, debido a que el sujeto se encontraba en otro contexto de su biografía personal y una solución distinta constituiría una respuesta puramente retributiva."[130]

Las personas privadas de libertad, están privadas de ese único derecho, pero mantienen intactos todos los derechos inherentes a la persona. En tal sentido, mantienen el derecho a la salud, alimentación, educación, recreación, prácticas religiosas, vinculación familiar y trabajar. Una persona de avanzada edad no puede realizar muchas de esas tareas que los Organismos Técnicos Criminológicos y Consejos Correccionales evalúan en las distintas etapas del Régimen de Progresividad, porque están en la periferia del sistema penitenciario y porque no, exorbitan el mismo.

En sentido a lo precedentemente expuesto, se aprecia que solo caben las modalidades alternativas de cumplimiento de la pena, donde el arresto domiciliario, resultaría ser el más adecuado, especialmente teniendo en cuenta que las dolencias de los adultos mayores, los incluye en grupos de riesgo y constituyen una carga difícil o imposible de soportar con los medios existentes en los sistemas penitenciarios.

Como cierre de la situación del encarcelamiento de adultos mayores, transcribo algunos párrafos de la denuncia presentada ante la CSJN por la Asociación de Abogados por la Justicia y la Concordia, con fecha 29 de diciembre de 2010, denuncia de la cual se remitieron copias a todos los poderes del Estado.

---

130 Genera, Agustín. Derecho a ser juzgado en un plazo razonable: aspectos constitucionales y convencionales. Revista de Pensamiento Penal. República Argentina. 2018.
http://www.pensamientopenal.com.ar/doctrina/46207-derecho-ser-juzgado-plazo-razonable-aspectos-constitucionales-y-convencionales.

"La casi totalidad de ellas han muerto en cautiverio sin haber recibido jamás condena judicial. Se trata de una estadística única y vergonzosa que no tiene precedentes en la Justicia Federal de la Nación, a punto tal que ha sido materia de una editorial del diario "La Nación" del 18 de octubre del corriente año".

"Decenas de ellos han muerto en las cárceles donde fueron alojados sin consideración y hasta con desprecio de su salud y su vida, ya que la mayoría de los casos presentan una edad de más de 60 años, en la cual la salud y la vida dependen fundamentalmente de la posibilidad de contar con medicamentos específicos, chequeos médicos y análisis periódicos y, sobre todo, de la rápida accesibilidad a servicios de reanimación o terapia intensiva para el caso de urgencias."

"Nada de esto ocurre ni podría ocurrir en las cárceles donde son alojados. Las urgencias, aún en el caso de una rápida reacción del personal penitenciario, no pueden ni han podido ser atendidas eficazmente, ya que en todos los casos las medidas de seguridad propias de los penales imponen la apertura y cierre doble de hasta ocho o más puertas, con estrictas medidas de control, para tener acceso al enfermo y también para externarlo hacia un nosocomio que tenga un mínimo de complejidad suficiente para evitar una muerte."

"Son muchos los ancianos de más de ochenta años detenidos en las cárceles de la Nación, y todos pertenecen, exclusivamente; a la franja de la ciudadanía perseguida por los delitos ya mencionados. El mantenimiento en prisión de estas personas, con los riesgos que eso implica, está reservado en la Justicia argentina, exclusivamente para militares. Y todo para no otorgarles la detención domiciliaria que les corresponde humana y legalmente."

Asimismo, resulta oportuno recordar que *"El ministro de la Corte Suprema de Justicia, Dr. Eugenio Raúl Zaffaroni clarifica el tema de la detención domiciliaria, cuando se refiere al sentido que en la exégesis penal debe darse a las normas que otorgan un beneficio al encausado utilizando el verbo "podrá", como el art. 13 del Código Penal y el art. 33 de la ley 24.660. Al respecto dice este autor que nadie podrá dudar que estamos ante un "beneficio En consecuencia, cuando se hallan reunidos los requisitos para el mismo (en el caso que el beneficiario sea mayor de setenta años), "tiene derecho a reclamarlo y el tribunal tiene el deber de acordarlo "lo contrario*

-agrega- implicaría sacar al beneficio "del ámbito de los actos judiciales y remitirlo a la categoría de un acto político, es decir, del uso de una facultad casi arbitraria del tribunal, que asimilaría su naturaleza a la de la gracia o perdón"[131] *(Eugenio Raúl Zaffaroni: "Tratado de Derecho Penal", Parte General, Tomo V, Ediar, Bs.As., 1983, página 182.*

Resulta oportuno recordar que según el filósofo y científico Immanuel Kant,[132] ya en el año 1798 expresó en su libro Antropología en Sentido Pragmático, que cuando un hombre hace mal uso de su libertad, comete un delito y se convierte en culpable, tiene que pagar con la imposición de una pena, pero aclara que *"la pena debe de ser útil, porque una pena sin ningún fin es inútil e injusta"*. Tal vez cabría entonces preguntarse qué criterios se aplican hoy, tan distintos de los que se aplicaban hace más de 2 siglos, como para entender los casos de los gerontes hoy encarcelados, cuando a todas luces la pena cumplida en una unidad carcelaria es inútil, inconveniente para todos, no cumple con la finalidad del Sistema Correccional y por lo tanto es injusta.

Lo dicho en los párrafos precedentes tiene por objeto exponer las distorsiones que ha generado un proceso penal extremadamente extenso, fuera de todo concepto de plazo razonable, plagado de decisiones emanadas del Estado Nacional que han provocado dilaciones indebidas, las que a mi juicio deben ser tenidas en cuenta y meditadas, para encontrar una solución que conforme a la mayoría de las partes involucradas en el proceso penal.

131 Zaffaroni, Eugenio Raúl. Tratado de Derecho Penal. Parte General. Tomo V. Página 182. Ediar. CABA. República Argentina. 1983.

132 Libro "Antropología en sentido pragmático". Immanuel Kant. 1798.

Importancia del tiempo transcurrido entre el momento de los hechos y la sentencia

Los hechos ocurrieron durante la década del 70 y si tomamos como principio a las actividades ilegales desarrolladas por la Triple A en 1973, cuyos imputados comenzaron a ser juzgados a partir del 09 de marzo de 2020 en el TOF de Bahía Blanca, queda claro que han transcurrido 48 años, razón por la cual, aunque se les aplique la pena máxima, el tiempo transcurrido sin que el Estado los haya juzgado, implica considerar como se dijo, que si se los hubiera condenado en tiempo y forma, aún a la pena más gravosa, al día de la fecha, ya estarían cumplidas hace más de 20 años y en algunos casos hasta dos veces.

Es importante reflexionar que varios encartados murieron antes de ser sometidos a juicio y los que aún continúan vivos, morirán antes de agotar el cumplimiento de las condenas que les puedan ser impuestas. Como se dijo, hablar de fin resocializador o reintegración social, constituye una quimera.

Esta situación nos lleva a concluir que las penas son absolutamente extemporáneas, están desnaturalizadas y nuevamente emerge la insubsistencia de la acción penal, siendo de aplicación el instituto de la prescripción, tal vez la solución más viable.

Cabe recordar que el artículo 62 del Código Penal de la Nación Argentina expresa, sin contener un criterio diferenciado, que:

"La acción penal se prescribirá durante el tiempo fijado a continuación:

1. A los quince años, cuando se tratare de delitos cuya pena fuere la de reclusión o prisión perpetua;
2. Después de transcurrido el máximo de duración de la pena señalada para el delito, si se tratare de hechos reprimidos con reclusión o prisión, no pudiendo, en ningún caso, el término de la prescripción exceder de doce años ni bajar de dos años;

3. A los cinco años, cuando se tratare de un hecho reprimido únicamente con inhabilitación perpetua; ...."

Nuevamente resulta importante destacar que, a la fecha, en muchos casos transcurrió el doble del tiempo máximo de la pena prevista para el delito por el cual se condenó o en el futuro se puede condenar a los encartados, razón por la cual, resulta ilegal e injustificable, que no se aplique la citada garantía para los juicios de lesa humanidad pese a la imprescriptibilidad de los mismos, porque el artículo 62 de referencia, no hace diferencias de delitos precedentes.

Es importante resaltar una vez más, que el Código Penal no distingue respecto de los diferentes tipos de delitos en relación con la pena, por consiguiente, se infiere que los incluye y contiene a todos por igual, razón por la cual el instituto de la prescripción tiene plena cabida.

Vale recordar nuevamente que la CICGLH tomó nota de esta situación generada por el ordenamiento interno y comprometió a los estados partes a modificar su ordenamiento interno, pero mientras esto no ocurra, no se puede aplicar un criterio que no esté escrito en la ley penal.

Desde otro punto de vista, siendo que la Convención sobre Imprescriptibilidad de Crímenes de Guerra y de Lesa Humanidad aún no se encontraba incorporada al orden jurídico interno de la República Argentina al momento de los hechos, en la década del 70, su aplicación retroactiva genera un efecto derogatorio del artículo 62 del Código Penal argentino y ello no es legalmente admisible, porque es violatorio de la propia Constitución Nacional, Segunda Parte, Título Primero, Sección Primera, Capítulo Quinto, de la Formación y Sanción de las Leyes.

Como uno de los tantos ejemplos recientes que podemos citar, tenemos el de Daniel Puccio, conocido como Maguila, quien en 1999 recibió una pena de 13 años de cárcel por el secuestro de Nélida Bollini de Prado, el último secuestro realizado por el clan Puccio. Pero jamás cumplió la condena porque permaneció prófugo, supuestamente en Nueva Zelanda y Brasil. Debido al tiempo transcurrido, **la causa finalmente fue declarada prescripta en 2011 y el mencionado individuo transita libremente por las calles de San Telmo, en la Ciudad Autónoma de Buenos Aires.**

Diferencias entre las víctimas y los imputados de Argentina, con los hechos ocurridos en Alemania, Serbia, Rwanda y Argentina – el impacto en el proceso penal

En los tiempos posteriores a la Alemania nazi de la segunda guerra mundial, o a la República de Serbia en el conflicto en la ex Yugoslavia, o con posterioridad al genocidio en Ruanda, muchos criminales de guerra huyeron de sus países, cambiaron sus identidades, vivieron con documentos falsos, en domicilios no declarados, llevaron una vida en la que evitaban ser identificados, tenían trabajos de bajo perfil, en algunos casos abandonaron sus familias y conformaron otras, no hacían declaraciones públicas y no tenían exposición social de ninguna naturaleza, salvo contadas excepciones.

Casos como los señalados anteriormente hay muchísimos. Por citar algunos ejemplos resonantes, tenemos el de Aribert Heim, apodado el Doctor Muerte o el Carnicero de Mauthausen, quien vivió durante años en El Cairo, Egipto, con el nombre de Tarek Farid Hussein, ocultando así su identidad y según se dice, murió allí el 10 de agosto de 1992 a los 78 años de edad.[133] Su tumba y su cuerpo no han sido encontrados.

Otro caso es el de Alois Brunner, quien fue el principal Oficial Ayudante de Adolf Eichmann en la Sección IV-B4 de la Gestapo y a quien Eichmann consideraba su "mejor hombre". Brunner huyó de Alemania y luego de vivir en diferentes países se afincó en Siria y se aprecia que murió en Damasco en el año 2010.

Adolf Eichmann, vivió en argentina por más de 10 años, bajo el nombre de Ricardo Klement con documento original entregado por la Cruz Roja Internacional y luego con Cédula de Identidad otorgada por la Policía de la Provincia de Tucumán. Trabajó como

---

133 Diario El País. El enigma del Doctor Muerte sigue abierto. Reino de España. 04 julio 2010. https://elpais.com/diario/2010/07/04/internacional/1278194405_850215.html

Hidrólogo para la Universidad Nacional de Tucumán relevando ríos y afluentes en la zona de Las Estancias y remitía sus informes al Ingeniero Würschmidt. También desarrolló actividades laborales para la empresa de grifería FV de la familia alemana Franz Viegener donde se dedicaba a cargar sus productos en caminos de reparto a órdenes de su capataz el señor Hunter Watss[134], siendo su último trabajo, la fábrica de automóviles Mercedes Benz.

Ratko Mladic y Radovan Karadzic General del Ejército Serbio y Comandante Supremo de mismo, vivieron ocultos por más de 10 años hasta que fueron detenidos, juzgados y condenados por el Tribunal Penal Internacional para la ex Yugoslavia.

Los criminales de guerra ruandeses, vivieron ocultos durante años en la República Democrática del Congo y al día de hoy, muchos no han sido encontrados.

Casos como estos hay cientos. Los criminales que cometieron los hechos, eran plenamente conscientes de sus delitos, huyeron, se ocultaron desde el comienzo de la sola existencia de la sospecha o desde sus pedidos de captura, incluso hasta sus muertes, desconociéndose hoy en día, el detalle de cuál ha sido el paradero de cada uno de ellos.

En Argentina no fue así. Los que en el año 2021 y años venideros serán sometidos a debate oral, luego de 48 años o más desde que ocurrieron los hechos, nunca huyeron, nunca fueron juzgados por decisión de los 3 Poderes del Estado Nacional, siempre mantuvieron sus identidades, emplearon documentos de identidad con sus nombres verdaderos[135], la mayoría trabajó en instituciones públicas del Estado Nacional o Provincial, donde sus nombramientos, comisiones, promociones y traslados, dentro y fuera de Argentina con pasaporte diplomático, se realizaron por medio de documentos públicos incluyendo publicaciones en el Boletín Oficial de la República Argentina (BORA) o Boletines Oficiales de las provincias, siempre convivieron con sus familias, salieron y entraron del país siendo controlados por la Aduana y Migraciones, participaron de votaciones nacionales y provinciales,

134 Persona de trato amable y cordial a quien entrevisté personalmente en el año 2008 y la CABA.

135 Se refiere a los nombres que los padres les pusieron al nacer.

compraron y vendieron bienes reales con sus nombres efectuando los asientos en los registros correspondientes, carecían de antecedentes en el Registro Nacional de Reincidencia y lo que resulta ser lo más importante, "siempre ajustados a derecho".

Las propuestas de ascensos de los Oficiales Jefes y Oficiales Superiores de las fuerzas armadas, policiales y de seguridad, antes de recibir la aprobación de la Comisión de Acuerdos del Senado de la Nación Argentina o Legislaturas Provinciales, eran giradas a organismos como el Centro de Estudios Legales y Sociales, Madres de Plaza de Mayo, Abuelas de Plaza de Mayo, Asamblea Permanente por los Derechos Humanos, Secretaría de Derechos Humanos y organismos provinciales afines, para que formulen las impugnaciones a las personas propuestas para ser ascendidas, si así lo consideraban. Las impugnaciones era la excepción.

Lo descripto en los párrafos anteriores denota una diferencia sustancial al momento de comparar hechos trágicos ocurridos en nuestra historia nacional y mundial, que la Justicia Federal no puede soslayar como lo hace. Si el proceso penal no se llevó a cabo, los imputados y víctimas no son responsables de la insubsistencia que a mi juicio tienen hoy en día este tipo de procesos.

Las víctimas de argentina o sus derechohabientes, nunca dejaron que impulsar los procesos penales. Presentaron infinidad de pedidos de Habeas Corpus en todas las jurisdicciones federales del territorio nacional, peticionaron ante las autoridades de los 3 poderes del Estado nacional, formal e informalmente durante los gobiernos de facto y los democráticos, buscaron la intercesión de la Iglesia Católica y otras religiones, hubo algunos juicios, condenas, interrupciones, amnistías, indultos y en esos lapsos de tiempo, no recibieron la tutela legal efectiva ni tuvieron acceso a la justicia por decisión del Estado Nacional.

Reabiertos los juicios, hoy han pasado 48 años desde 1973, es demasiado tiempo, muchas víctimas han muerto y solo quedan sus descendientes, los que no tienen las mismas motivaciones espirituales o morales y como se dijo, solo les puede interesar el resarcimiento económico o reparación integral.

Cabe aquí recordar que en el debate oral por los crímenes cometidos por la Triple A que se lleva adelante en el TOF de Bahía Blanca, la señora García, testigo de la fiscalía expresó: *"Como decimos las Garcías, venimos cuatro generaciones acá, mi madre, nosotras, mis hijas y mis nietos pidiendo justicia", dijo Julia García a fines de octubre ante el tribunal oral que juzga a cuatro ex integrantes de la Triple A".*

"Julia destacó que el gran ausente en el juicio es el Poder Judicial. "Los jueces Hugo Cavallaro y José Montone son los que actuaron en la investigación del asesinato de mi hermano y le garantizaron la impunidad a los miembros de la Triple A. Sin su complicidad no estaríamos sentados acá, después de 46 años".[136]

En otros países como Alemania, Polonia, Hungría y República Checa, muchas víctimas huyeron o fueron objeto de desplazamientos forzados razón por la cual abandonaron sus lugares de residencia habitual, pero en argentina no se presentó esta situación, independientemente que algunos decidieron auto exiliarse.

No obstante, países como los señalados, las víctimas se organizaron desde el comienzo del fin de la guerra, e impulsaron procesos penales, las autoridades recibieron sus peticiones y sometieron a juicio a los responsables en tiempo y forma durante décadas continuando hasta el presente.

La comisión internacional para investigar los delitos cometidos por las potencias del Eje creada en 1943 llevó a la imputación de 36.000 funcionarios alemanes y japoneses, de los cuales al menos 10.000 fueron condenados en juicios realizados hasta 1948. Al mismo tiempo, entre 1945 y 1949, los tribunales en la zona de Alemania occidental dictaron unas 4.600 condenas por crímenes del nazismo.

En 1958 la República Federal de Alemania creó la Oficina Central de Investigación de Delitos del Nacional Socialismo, que es la instancia que hasta ahora se sigue encargando de indagar sobre

---

136 Wordpres. Cobertura periodística juicio a laTriple A Bahía Blanca. Noviembre de 2020.
https://juiciobahiablanca.wordpress.com/2020/11/18/cuatro-generaciones-de-garcias-pidiendo-justicia/#more-9703

estos temas. Esta oficina Central tiene un archivo con más de 1,7 millones de fichas de personas y eventos relacionados con los crímenes del Tercer Reich.

No obstante lo expuesto, su trabajo se ha visto limitado por varias cuestiones legales como el hecho de que las leyes alemanas no contenían disposiciones específicas para procesar crímenes de guerra y por las normas vigentes entonces sobre prescripción de los delitos, que dificultaban que muchos de los casos pudieran ser llevados a juicio después de 1960.

En 1969 la Corte Suprema revocó la condena de un antiguo miembro de las SS que trabajó como dentista en el campo de Auschwitz (Polonia) con el argumento de que trabajar en un campo de exterminio no era un crimen en sí mismo.

Esta situación cambió a partir de 2007, cuando un tribunal alemán condenó a 15 años de cárcel al marroquí Mounir el Motassadeq por haberle transferido dinero a Marwan al Shehhi, el presunto responsable de estrellar el vuelo 175 de United Airlines en contra de la torre sur del World Trade Center en Nueva York, según la Comisión que investigó los ataques del 11 de septiembre de 2001. Este precedente impulsó al fiscal de la Oficina Central a buscar el enjuiciamiento de guardias y otros funcionarios de los campos de concentración, aunque no hubieran participado directamente de estos crímenes. Siguiendo esta argumentación se logró que en 2011 un tribunal alemán condenara a John Demjanjuk, un antiguo guardia del campo de exterminio de Sobibor (Polonia), por colaborar con el asesinato de las 28.000 personas que fueron muertas allí. Dado que estos campos eran centros de exterminio, cualquiera que hubiera pertenecido al personal nazi que estaba allí contribuyó con esas muertes.

La condena de Demjanjuk le dio un nuevo impulso al trabajo de la Oficina Central, que durante la última década ha remitido a los fiscales más de 200 casos para su imputación. Sin embargo, hasta ahora, solamente se han producido un puñado de condenas, incluyendo la de Oskar Groening, un exmiembro de las SS conocido como el "contador de Auschwitz".

En conclusión, se estima que, entre el Tribunal Militar Internacional y la justicia alemana, unas 16.000 personas han sido juzgadas por este tipo de delitos. A ello hay que agregar los juicios llevados a cabo en los países que fueron ocupados o anexados por Alemania (por ejemplo, 19.000 húngaros colaboracionistas fueron condenados en Hungría a partir de 1945. En Holanda 14.562. De 1946 a 1949, 1.000 personas fueron extraditadas a Polonia, la mayoría de la zona americana de Alemania. De ellas, 673 personas fueron llevadas a juicio. Otros juicios famosos, han sido en Francia el de Klaus Barbie, en Israel el de Adolf Eichmann y hasta el día de hoy, se siguen extraditando personas desde diferentes países a aquellos donde pesa sobre ellos un pedido de extradición).

Lo señalado anteriormente, comparado con la simple declaración de la Señora Julia García en el juicio a la Triple A, denota el incumplimiento de la obligación de persecución penal por parte del Estado Argentino, obligación que los Estados involucrados en la Segunda Guerra Mundial, nunca abandonaron hasta el día de la fecha. Este hecho nos lleva a concluir que las dilaciones indebidas las ocasionó el Estado Argentino y las consecuencias las han padecido las víctimas y los imputados, los que en su gran mayoría murieron sin respuesta moral ni tutela judicial efectiva.

Otros casos – jurisprudencia

En el caso "Kipperband"[137] los Doctores Carlos Santiago Fayt y Gustavo Alberto Bossert, entendieron que correspondía aplicar la teoría de la insubsistencia de la acción penal, puesto que de esa forma se pondría fin a un proceso que llevaba más de 12 años y se consideró violatorio de derechos fundamentales por su excesiva duración y los Doctores Enrique Santiago Petracchi y Antonio Boggiano, declararon también extinguida la acción penal pero aplicando expresamente el instituto de la prescripción, a diferencia de la primera minoría que no hizo mención explícita a ella, conjugando la desaparición de la pretensión punitiva estatal por el transcurso del tiempo con el derecho a obtener un pronunciamiento judicial sin dilaciones indebidas.[138]

En Mozzatti Camilo y otros [139], donde había sentencia condenatoria no firme y la insubsistencia sólo fue de ciertos actos procesales, la acción se extinguió por la prescripción porque se trató de un proceso criminal de más de 25 **años** sin culminar su tramitación. En el expediente, se hizo notar la "morosidad judicial", la declaración de la "insubsistencia" de acción penal, hizo decaer la pretensión punitiva estatal ante la violación del plazo razonable porque: "*... el tiempo empleado por el Estado para dilucidar los hechos investigados en el sub lite, resulta incompatible con el derecho a un juicio sin demoras indebidas.*"

---

137 Corte Suprema de Justicia de la Nación. Fallos 322:360, 16/3/1999. República Argentina. 1999.

138 Kipperband, Benjamín s/ estafas reiteradas por falsificación de documentos–incidente de excepción previa de prescripción de la acción penal–K 60 XXXIII 16/03/1999 Fallos: 322:360

139 Corte Suprema de Justicia de la Nación. Mozzatti Camilo y otro s/ Recurso de Hecho. Sentencia de fecha 17 de octubre de 1978. República Argentina. 1978. http://www.saij.gob.ar/corte-suprema-justicia-nacion-federal-ciudad-autonoma-buenos-aires-mozzatti-camilo-otro-recurso-hecho-fa78000006-1978-10-17/123456789-600-0008-7ots-eupmocsollaf?#

En el caso "Podestá" [140], el alto tribunal tuvo en cuenta que el proceso se había extendido durante 14 años y por mayoría de votos, resolvió declarar extinguida la acción penal por prescripción.

La causa por corrupción en la construcción de la represa Yacyretá – Apipé comenzó en 1989 a raíz de una denuncia por presuntas irregularidades vinculadas a la adjudicación de la licitación y la ejecución de la represa hidroeléctrica localizada en la provincia de Misiones. Según se acreditó en la instrucción penal, las maniobras habrían consistido en el cobro indebido de reintegros impositivos por hormigón fresco utilizado y neumáticos importados en el marco de la construcción, al amparo de la Ley 20.852 [141]. Dichos ilícitos habrían generado un perjuicio al Estado calculados en 191.004.275 de dólares.

"El expediente primero fue declarado prescripto. La Cámara Federal confirmó una parte de la prescripción y ordenó que se investigue el resto. Los acusados fueron procesados, pero después sobreseídos y nuevamente procesados. Ninguna de éstas ideas y vueltas procesales justifican más de 25 años de investigación".

Durante la tramitación del expediente, las defensas de los imputados *"Señalaron que el caso está prescripto y que se debe aplicar lo que se llama plazo razonable -pasó tanto tiempo desde el inicio que no pueden ser responsables por la demora del estado-, ..."*.[142] A más de 32 años desde su inicio, el Tribunal Oral Federal

---

140 Corte Suprema de Justicia de la Nación. Podestá, Arturo Jorge y López de Belva, Carlos A. y otros s/ defraudación en grado de tentativa y prevaricato. República Argentina. 2006. http://sjconsulta.csjn.gov.ar/sjconsulta/documentos/verDocumentoSumario.html?idDocumentoSumario=87623

141 Beneficios que se le confieren a la industria nacional que intervenga en licitaciones internacionales para la ejecución de obras con financiamiento del Banco Interamericano de Desarrollo

142 Diario Infobae. 31 años y 190 millones de dólares: se define el juicio oral de la causa de corrupción más antigua de la Argentina. 03 de octubre de 2020. https://www.infobae.com/politica/2020/10/03/31-anos-y-190-millones-de-dolares-se-define-el-juicio-oral-de-la-causa-de-corrupcion-mas-antigua-de-la-argentina/

Nro 4 absolvió a los empresarios imputados, haciendo referencia al paso del tiempo y la erosión de la prueba. [143],

El fallo Menem por contrabando de armas fue ampliamente referenciado en el desarrollo del presente trabajo y el fallo de la Sala III de la Cámara Federal de Casación Penal por la cual fueron sobreseídos Carlos Saúl Menem, Domingo Felipe Cavallo y otros funcionarios, en la causa por la enajenación del predio ferial de Palermo a la Sociedad Rural por 30 millones de pesos-dólares ocurrida en 1991, la Sala entendió que la Justicia no puede expedirse 30 años después de que ocurrieron los hechos, porque se *"excedió el plazo razonable"*. Este caso también es muestra elocuente de la razonabilidad de un plazo para resolver el problema de la reparación integral a las víctimas, del imputado para sí y para la sociedad.

El caso de los sobreprecios que se pagaron en el contrato entre la DGI y la empresa IBM en el año 1994, lleva 27 años de trámite. El expediente [144], en el que se investigan supuestos sobornos en el contrato de IBM con el Banco Nación, analiza el supuesto pago de sobreprecios por unos 120 millones de pesos, relacionados con la contratación de servicios informáticos que celebró la DGI con la firma IBM Argentina SA.[145]

Actualmente, la Sala IV de la Cámara Federal de Casación Penal, debe resolver en orden a los recursos de casación interpuestos por

---

143 Grupo La Provincia. En una causa de 30 años, absuelven a empresarios acusados por corrupción en obras de Yacyretá. República Argentina. 2020.
https://www.grupolaprovincia.com/politica/en-una-causa-de-30-anos-absuelven-a-empresarios-acusados-por-corrupcion-en-obras-de-yacyreta-619198

144 Causa "IBM-DGI": la Cámara Federal de Casación Penal rechazó recusación y pasó los autos a resolver. República Argentina. 2018.
https://www.cij.gov.ar/nota-31238-Causa—IBM-DGI—-la-C-mara-Federal-de-Casaci-n-Penal-rechaz—recusaci-n-y-pas—los-autos-a-resolver.html

145 Diario Clarín. La Corte avaló al juez que votó que los delitos de corrupción son imprescriptibles. 12 de octubre de 2020.
https://www.clarin.com/politica/corte-avalo-juez-voto-delitos-corrupcion-imprescriptibles_0_dSAWEg4wS.html

la Oficina Anticorrupción y el Ministerio Público Fiscal contra la sentencia del Tribunal Oral en lo Criminal Federal Nº 3 de la Capital que declaró la prescripción de la acción penal en relación a Cossio y otros coimputados y los sobreseyó.

En el fallo "Egea, Miguel Ángel"[146] la CSJN sostuvo que *"Cualquiera sea el criterio que se adopte respecto de la llamada 'secuela de juicio'... la duración del proceso por casi dos décadas, viola ostensiblemente la garantía del plazo razonable del proceso y el derecho de defensa "; en tal sentido, el Alto Tribunal consideró inoficioso el tratamiento de la prescripción al advertir la violación al plazo razonable".*

La Suprema Corte Provincial de la provincia de Buenos Aires, ha sostenido, respecto a la insubsistencia de la acción penal *"... que dicha excepción constituye el instrumento jurídico adecuado para salvaguardar el derecho a un juicio sin dilaciones indebidas, correspondiendo declarar la extinción de la persecución penal por efecto de la prescripción (...), incluso cuando pudieren no estar patentizados o se hallaren controvertidos los presupuestos de su configuración..."*[147]

En sentido similar, en el voto mayoritario emitido en la causa "Oliva Gerli"[148] la Corte Suprema de Justicia de la Nación ha expresado *"...que cualquiera sea el criterio que se adopte respecto de la suspensión del curso de la prescripción 'la duración del proceso penal por casi dos décadas, viola ostensiblemente las garantías de plazo razonable del proceso y del derecho de defensa'..."*

A fin de demarcar las diferencias entre la prescripción y las soluciones propuestas, considero relevantes las palabras expuestas en el voto del Doctor Luis Esteban Genoud en la causa Nro. 94.754 de la S.C.B.A.: *"...es conveniente aclarar que el instituto de la prescripción pone la mira en el paso del tiempo, al presumir que con su devenir la sociedad olvida y el interés del castigo desaparece .... Mas, el derecho a un juicio rápido responde a motivos bien distintos. Se trata de una garantía de corte procesal que esencialmente se refiere*

146 Egea, Miguel Ángel s/ prescripción de la acción -causa nº 18.316-.E. 387. XXXVIII. 09/11/2004 Fallos: 327:4815.

147 Causa 90.308, "T. , M.A. s/ Robo calificado por el uso de armas" rta. 10 de junio de 2009.

148 Corte Suprema de Justicia de la Nación. Fallos 333:1987 del 19/10/2010.

a las condiciones que hacen que un juicio sea legítimo (…). Por ende, aquéllas no se vinculan como la prescripción, con la punibilidad general y abstracta del hecho (…), sino con factores como los enunciados (conf. P. 86.388, sent. del 1-III-2006). De ahí, que para su resolución, debemos prescindir de las causales de interrupción y suspensión propias de la prescripción (P.762.XXXVIII, "P., A. y L. d.B., C. y otros")..." (S.C.B.A. Causa 94.754 de fecha 15/7/09).

"Es así que, más allá de que pudiera considerarse que la acción penal no se encuentra prescripta por haber operado una causal suspensiva o interrumpida de su curso, la determinación de la razonabilidad del plazo de duración de la presente investigación resulta dirimente para la resolución que he de proponer".

4. CONCLUSIONES

a. **Exceso de plazo razonable:** *"La potestad coercitiva del Estado puede verse limitada cuando la duración de los procesos penales excede el plazo razonable".* [149]

El sometimiento de las personas a un proceso penal extenso, sean éstas imputadas o víctimas, implica la afectación de sus derechos, aun cuando no se hayan dispuesto medidas de coerción personal o no se hayan concretado las debidas reparaciones a las víctimas.

La persecución penal genera un estado de incertidumbre que acarrea la necesidad de obtener una resolución que establezca de forma definitiva la responsabilidad penal del imputado y concrete material y moralmente la tutela legal efectiva que por derecho tiene la víctima.

b. **Derechos:** *"El respeto a la dignidad del hombre supone el derecho a liberarse del estado de sospecha que pesa sobre quien se ve acusado de cometer un delito"* [150] . También abarca al derecho de la víctima a encontrar una respuesta por parte del Estado.

La duración indefinida de un proceso importa una vulneración al principio de inocencia, ya que impide que recaiga una

149 Genera, Agustín. Derecho a ser juzgado en un plazo razonable: aspectos constitucionales y convencionales. Revista de Pensamiento Penal. República Argentina. 2018. http://www.pensamientopenal.com.ar/doctrina/46207-derecho-ser-juzgado-plazo-razonable-aspectos-constitucionales-y-convencionales.

150 Genera, Agustín. Derecho a ser juzgado en un plazo razonable: aspectos constitucionales y convencionales. Revista de Pensamiento Penal. República Argentina. 2018. http://www.pensamientopenal.com.ar/doctrina/46207-derecho-ser-juzgado-plazo-razonable-aspectos-constitucionales-y-convencionales.

decisión que defina la acusación que pesa sobre al imputado. También expone la ausencia de un modelo de orden en base a la ley, que debe reinar en un Estado de Derecho.

c. **Dilaciones Indebidas. Plazo razonable:** Si el Estado Nacional decidió juzgar, condenar y encarcelar, para luego decidir no juzgar, amnistiar, indultar, liberar y posteriormente volver a juzgar, transcurriendo más de 48 años desde que ocurrieron los hechos que se reprochan, no resulta legal ni razonable, desarrollar un debate oral, con la participación de quienes estuvieron a derecho y a disposición de las autoridades de los tres órganos de poder del Estado Nacional. La excesiva duración del proceso penal, afecta indubitablemente los Derechos Humanos de las víctimas y los imputados, quienes no son responsables de las dilaciones indebidas ocasionadas por el Estado Nacional Argentino.

La irrazonable extensión por décadas del plazo de juzgamiento, hacen a los justiciables, rehenes de interpretaciones ambiguas, oscilantes y arbitrarias, las que generan notables desigualdades de trato e inseguridad jurídica. Esta situación es una tortura en sí misma, privando a los justiciables de una tutela judicial efectiva por las dilaciones indebidas generadas por el propio Estado.

Tampoco se puede hacer uso de manera indefinida del argumento sobre "la complejidad del caso" para justificar extender la incertidumbre sobre la situación procesal de los imputados más allá de la pena más gravosa prevista para los delitos que en abstracto se les imputa, puesto que el dilatado trámite procesal ha constituido una verdadera pena en sí mismo.

Cuando el caso es complejo, si el trámite del proceso no fue lo suficientemente ágil, el Estado debe responder por ello, de conformidad con la doctrina del caso "König" del TEDH – sentencia del 26/06/1978-, Fallo 332:2159, con el voto del Juez Ricardo Luis Lorenzetti, en los que el Estado ha demorado el juzgamiento superando ampliamente el término establecido por la Corte Interamericana de Derechos Humanos en el caso "Genie Lacayo vs. Nicaragua". Ni las víctimas ni los imputados ni la sociedad, son responsables de la falta de agilidad del sistema judicial.

d. **Extinción de la acción penal:** "*La prescripción de la acción es un límite autoimpuesto por el Estado para el ejercicio de su poder punitivo, que cuando se viola, importa la declaración de extinción de la acción de oficio y de pleno derecho.*"[151]

e. **Derecho Penal de Autor:** Habiendo transcurrido casi medio siglo desde los hechos hasta los juicios que se sustancian, ya casi no existen pruebas documentales ni testimoniales. En tal sentido, el MPF imputa apelando al prohibido Derecho Penal de Pertenencia del Autor en reemplazo del Derecho Penal del Acto, violando groseramente el artículo 18 de nuestra Constitución Nacional que refiere al hecho de la causa y hecho del proceso. Los magistrados federales intervinientes, incluyendo a la CSJN, avalan estos procesos en flagrante violación a los tratados internacionales en la materia.

f. **Delitos de lesa humanidad:** La calificación de los delitos como crímenes de lesa humanidad y por ende imprescriptibles, no puede ser usada por el Estado como excusa para dilatar indefinidamente los procesos penales, manteniendo a los enjuiciables como rehenes de por vida, sin reparar íntegramente a los derechohabientes de las víctimas y sin poner fin al proceso penal ante la sociedad.

g. **Irretroactividad de la ley**: La interpretación, tal vez sesgada, errónea o ideologizada, sobre la implementación de los tratados y convenios internacionales de naturaleza penal, a la luz de nuestra Constitución Nacional, en particular el artículo 75, inciso 22, aplicándolos en forma retroactiva–pese a que se advirtieron los riesgos que ello implicaba tanto en las sesiones del Honorable Congreso de la Nación Argentina al incorporarlos al ordenamiento interno como por parte de los convencionales de la Asamblea Constituyente de 1994–,

---

151 Genera, Agustín. Derecho a ser juzgado en un plazo razonable: aspectos constitucionales y convencionales. Revista de Pensamiento Penal. República Argentina. 2018.

http://www.pensamientopenal.com.ar/doctrina/46207-derecho-ser-juzgado-plazo-razonable-aspectos-constitucionales-y-convencionales.

constituye una posición que amerita ser revisada, porque no se ajusta a los tradicionales principios del derecho liberal, en particular, la inaplicabilidad retroactiva de la ley penal.

h. **Prescripción de la acción penal:** la conducta errática, fluctuante e indebidamente dilatoria del Estado Nacional Argentino a través de casi 50 años, es la causa del problema, por ende, la solución es la prescripción por insubsistencia de la acción penal por exceso de plazo razonable, la extinción de la acción penal, el sobreseimiento, ratificando una vez más, que la imprescriptibilidad del delito, no puede ser utilizada como excusa para dilatar indefinidamente un proceso penal, a sabiendas de que nunca habrá prescripción. Asimismo, decretada la prescripción, el Estado deberá reparar íntegramente a las víctimas aún vivas o sus herederos, por los daños especialmente morales, ocasionados por incumplir con su obligación de persecución penal en tiempo y forma.

5. BIBLIOGRAFÍA

a. Asociación Civil por la Igualdad y la Justicia. Programa Acción Ciudadana y Lucha Contra la Corrupción. Cuando el juicio oral no llega nunca. Argentina. 2011.

b. Belloch Hulve, Juan Alberto. Las Dilaciones Indebidas. Universidad Hispanoamericana de Santa María de la Rabida. Huelva. 1989.

c. Binder, Alberto. Derecho Procesal Penal. Editorial Ad Hoc. Argentina. 1999.

d. Cámara Federal de Casación Penal. Causa N° CPE 33008830/1997/8/1/CFC2. "Menem, Carlos Saúl y otros s/ recurso de casación". Argentina. 2019.

e. Cámara Nacional de Casación en lo Criminal y Correccional Sala I. Causa N° 56016/2002/TO1/6/CNC3. "POZZI, Maximiliano Daniel s/rechazo de prescripción". Argentina. 2017.

f. Causa Nº 15.667. "Sarlenga, Luis Eustaquio y otros s/recuso de casación", registrada bajo el nº 20.697. Argentina. 2013.

g. *Congreso de la Nación Argentina. Ley de Punto Final. Sancionada el 23 de diciembre de 1986. Promulgada el 24 de diciembre de 1986. Publicada en el* Boletín Oficial, el 29 de diciembre de 1986.

h. Corte Suprema de Justicia de la Nación Argentina. "Mattei, Ángel", Fallos 272:188. Argentina. 1968.

i. Corte Suprema de Justicia de la Nación Argentina. Fallos 297:486, 298:50, 298:312, 300:1102, 316:2063, 332:1492 y 333:1987. Argentina.

j. Congreso de la Nación Argentina. Ley de Obediencia Debida. Sancionada el 04 de junio de 1987. Promulgada el 08 de junio de 1987. Publicada en el *Boletín Oficial el 09 de junio de 1987.*

k. *Corte* Suprema de Justicia de la Nación Argentina. FLP 91003389/2012/T01/93/1/RH11. Hidalgo Garzón, Carlos del Señor y otros s/ infracción artículo 144 bis inciso 1–último párrafo–según ley 14.616, privación ilegal libertad agravada (artículo 142 inc. 1), privación ilegal libertad agravada artículo 142 inc. 5), infracción artículo 144 ter 1° párrafo según ley 14.616-, inf. art. 144 ter 20 párrafo según ley 14.616-, homicidio agravado con ensañamiento–alevosía, sustracción de menores de pl tz I41(.ar-5. 146)–texto original del C;144.e/ (Supresión del estado civil de un menor).

l. Corte Interamericana de Derechos Humanos. Perrone y Preckel Vs Argentina. San José de Costa Rica. 2019.

m. Corte Suprema de Justicia de la Nación. Fallos 322:360. Argentina. 1999

n. El País. Diario. El enigma del Doctor Muerte sigue abierto. Edición América. 2010.

o. Estatuto de Roma de la Corte Penal Internacional. La Haya. Holanda. 2002

p. Genera Agustín. Derecho a ser juzgado en un plazo razonable: aspectos constitucionales y convencionales. Revista de Pensamiento Penal Argentina. 2018.

q. Gobierno de la Provincia de Buenos Aires. Ministerio de Justicia y Derechos Humanos. Sitio Oficial de Difusión. Argentina. 2020.

r. Gouvert, Juan Fernando. La insubsistencia de la acción ante la irrazonable duración del proceso penal. Revista El Derecho. Argentina. 2017.http://www.pensamientopenal.com.ar/system/files/2017/01/doctrina44782.pdf

s. Ibañez, Gerardo. Conferencia desarrollada en el Interamerican Institute For Democracy American Museum Of The Cuban Diaspora Feria Del Libro De Miami. EEUU. 2018.

t. Infobae. Casación Sobreseyó a Menem y Cavallo por la venta del predio de La Rural en 1991. Argentina. 2019.

u. Justice Studies Center of the Americas. Estándares internacionales relativos al plazo razonable desde una perspectiva práctica (implicaciones y casos). El Salvador. 2014.

v. Juzgado Federal Nro 1 de Bahía Blanca. Causa N° FBB 15000005/2007. "Abelleira, héctor jorge y otros s/ privación ilegal libertad pers. (art. 142 bis inc. 5), tortura, homicidio agravado p/ el conc. De dos o más personas y asociación ilícita. Víctima: aberasturi, mirna edith y otros". Argentina. 2019.

w. Loeffel, Robert. Family Punishment in Nazi Germany: Sippenhaft, Teror and Myth. EEUU. 2012.

x. Pastor, Daniel R. El plazo razonable en el proceso del estado de derecho. Ed. Ad-Hoc. Buenos Aires, 2002.

y. Poder Ejecutivo de la Nación Argentina. Decreto N.° 158/83. Argentina. 1983.

z. Poder Ejecutivo de la Nación Argentina. Decreto 1002/89. Argentina. 1989.

aa. Poder Ejecutivo de la Nación Argentina. Decreto 1003/89. Argentina. 1989.

ab. Poder Ejecutivo de la Nación Argentina. Decreto 1004/89. Argentina. 1989.

ac. Poder Ejecutivo de la Nación Argentina. Decreto 1005/89. Argentina. 1989.

ad. Poder Ejecutivo de la Nación Argentina. Decreto 2741/90. Argentina. 1990.

ae. Poder Ejecutivo de la Nación Argentina. Decreto 2742/90. Argentina. 1990.

af. Poder Ejecutivo de la Nación Argentina. Decreto 2743/90. Argentina. 1990.

ag. Poder Ejecutivo de la Nación Argentina. Decreto 2744/90. Argentina. 1990.

ah. Poder Ejecutivo de la Nación Argentina. Decreto 2745/90. Argentina. 1990.

ai. Poder Ejecutivo de la Nación Argentina. Decreto 2746/90. Argentina. 1990.

aj. Schmitt, Carl. El concepto de lo político. Editorial Alianza. España. 2009.

www.ingramcontent.com/pod-product-compliance
Lightning Source LLC
La Vergne TN
LVHW040445051026
849517LV00002B/759
9789878344607